Peter Gerlitz
Gott erwacht in Japan

Neue fernöstliche Religionen
und ihre Botschaft vom Glück

Band 618, 176 Seiten

Ein atemberaubender zivilisatorischer Fortschritt bestimmt das Leben der Japaner. Ihre alten Tempel sind Museen geworden. Der Glaube an Wissenschaft und Technik ist ihre Religion. Aber dieses Bild einer entgötterten Wirtschaftsmacht stimmt nur zum Teil. Überall schießen neue Religionen aus dem Boden, suchen Menschen in Gemeinschaft Wege der inneren Erfüllung. Es handelt sich um große Laienbewegungen, die buddhistische und shintoistische Überlieferungen verbinden mit Elementen des Christentums zu einer viele Japaner faszinierenden Botschaft vom Glück. Der Autor dieses Taschenbuches hat diesen ungeheuren Aufbruch an Ort und Stelle beobachtet. An fünf in Europa noch kaum bekannten neuen Religionen schildert er, wie Gott in Japan wieder erwacht ist.

in der Herderbücherei

Die fünf großen Weltreligionen

Herausgegeben von Emma Brunner-Traut

Band 488, 144 Seiten

Hinduismus, Buddhismus, Islam, Judentum, Christentum – jede der großen Religionen hat ihre eigene Weltsicht entwickelt, die Lehrmeinungen erscheinen unvereinbar. Können sie trotzdem voneinander lernen? Die Autoren, bedeutende und engagierte Religionswissenschaftler, zeigen dem Leser, welche Glaubenshaltungen hinter der Vielfalt überlieferter Texte und Gesetze stecken. Hier, an der Basis der religiösen Erfahrung, eröffnet sich die Möglichkeit eines brüderlichen Gesprächs. Dazu bietet der vorliegende Band der Herderbücherei durchdachte Anregungen.

Herderbücherei

Band 691

Über das Buch

„Die Gurus kommen." Mit großem Aufwand verkünden sie ihre Heilslehren im Westen und machen ihr Geschäft mit der Hoffnung vieler Menschen nach einer neuen Lebensorientierung. Ihr propagandistisches Auftreten verstellt den Blick für das Leben der echten Gurus, jener großen indischen Seelenführer, die in Zurückgezogenheit wirken, nur durch ihnen eng verbundene Schüler in der Welt präsent. Aber gerade aus dieser meditativen Einsamkeit heraus teilt sich eine kraftvolle und befreiende Lebensweisheit mit. Wie dies sich vollzieht, das wird hier in acht Gestalten geschildert. Wer ihnen im Geist begegnet, der entdeckt: nachahmen können wir sie nicht, auch können wir nichts übernehmen. Aber sie rufen uns an, daß wir im Blick auf unsere reiche Vergangenheit von mehr als tausend Jahren aus ihr das uns Gemäße neu uns zu eigen gewinnen: Seelenführer christlicher Tradition, die wie die Gurus aus der Stille wirken.

Über den Autor

Friso Melzer, geboren 1907, Dr. phil. (Breslau 1930), Dr. theol. (Tübingen 1934). In Südindien 1935–40, Forschungsreise nach Südindien 1974/75. Oberstudienrat a.D. Forscher und wissenschaftlicher Schriftsteller (Indische Religionswelt – Meditation – deutsche Sprache im Dienst der christlichen Verkündigung).

Friso Melzer

Antwort aus dem Schweigen

Der Guru als Seelenführer

Herderbücherei

Originalausgabe
erstmals veröffentlicht als Herder-Taschenbuch

Umschlag-Graphik: Willy Kretzer

Herder Freiburg · Basel · Wien
Herstellung: Freiburger Graphische Betriebe 1978
ISBN 3-451-07691-8

Inhalt

ZWEITER TEIL

EUROPÄER IN DER BEGEGNUNG
MIT INDISCHEN GURUS

Einleitung

In der verwirrend vielgestaltigen Welt der indischen Religionen haben in den letzten hundert Jahren drei typische Gestalten die Aufmerksamkeit des abendländischen Forschers und Reisenden angezogen. Zu ihnen gehört, merkwürdigerweise, nicht der *Pujari (Pudschari)*, der Priester, denn er entbehrt der Eigenart: ist er doch nur Funktionär, d.h. Verwalter überkommenen Tempelkultes! Die drei Gestalten aber sind der *Pandit*, der *Yogi* und der *Guru*.

Gegen Ende des 19. Jahrhunderts zog der *Pandit* die Forscher an. *Richard Garbe*[1], der einstige Tübinger Indologe, hat in seinen *Indischen Reiseskizzen* in dem Kapitel „Ein Studienjahr in Benares" eingehend über ihn berichtet. Zwischen den beiden Weltkriegen hat die Wißbegier nach dem *Yogi* gefragt. *Paul Brunton*[2], der englische Reisende und Schriftsteller, hat ein mehrfach aufgelegtes Buch *Yogis* geschrieben: darin berichtet er von seinen ausgedehnten Forschungsreisen in Indien, auf denen er von einem Yogi zum andern gezogen ist. Nun aber, nach dem Zweiten Weltkrieg, in der Zerrüttung aller überkommenen Güter abendländischer Kultur, ist zum ersten Mal der *Guru* in den Gesichtskreis des abendländischen Menschen getreten.

Worin unterscheiden sich diese drei typischen Gestalten, der Pandit, der Yogi und der Guru? Der *Pandit* dient einer Sache, nämlich der Erforschung der überlieferten hl. Schriften des Hinduismus, die er studiert und auslegt. Der *Yogi* dient sich selbst, strebt nach der Vollendung seines Selbst. Der *Guru* dagegen, nachdem er sich selbst verwirklicht[3] hat, ist für andere Menschen da, für seine Schüler sowie für jeden, der seine geistige Hilfe anruft. Der Pandit entspricht dem abendländischen Gelehrten, dem

Dozenten; für den Yogi gibt es keine abendländische Entsprechung; und der Guru kommt zwischen Erzieher, Seelenarzt und Seelsorger zu stehen. Nennen wir ihn den *Seelenführer*, so sind wir der Wahrheit am nächsten. Oder um die Unterscheidungen noch knapper zu zeichnen: der Pandit ist ein Wissender, der Yogi ein Könner, der Guru jedoch ein Weiser, der dem Schüler den Weg weist und ihn zugleich auch führt.

Den Pandit sowie den Yogi können wir durch Studien- oder Forschungsreisen in Indien selber kennenlernen. Der Guru jedoch entzieht sich solch neugierigem Zugriff. Ihn kann nur der *Chela* (Schüler) als Guru erkennen. Nicht einmal der um Hilfe bittende Besucher erfährt den wahren Guru, denn dieser antwortet dem Fragenden nur soweit, wie dieser ihn verstehen kann; er gibt sich ihm also niemals ganz zu erkennen. Hier liegt eine deutliche Grenze solch einer Darstellung wie der vorliegenden: jedes Buch über die Gestalt des Guru muß sich auf Zeugnisse der Schüler stützen, kann also nicht aus eigener Erfahrung seines Verfassers schöpfen. Über seinen persönlichen Guru kann nur der Schüler schreiben; das wird er aber erst nach des Gurus Tode tun. Über den Guru als Gestalt wird nur der schreiben können, dem verschiedene solcher Zeugnisse zur Verfügung stehen und der aus indischer Erfahrung wenigstens die Umwelt solcher Wirksamkeit eines Guru zu verstehen vermag.

Wo ein Guru (d.h. genauer einer, der sich selbst für einen Guru hält oder von anderen dafür gehalten wird, oder der einmal als echter Guru zu wirken begonnen hatte) – wo ein Guru sich selbst in einem Buche darstellt, sei es in einer Autobiographie wie *Yogananda*[4], sei es in einem umfassenden Wander-Tagebuch wie *Ramdas*[5] (so lehrreich diese Bücher auch wieder für den Forscher sein können!), da ist Vorsicht geboten, denn da ist die Grenze überschritten, die noch jeder wahre Guru eingehalten hat: die Zurückgezogenheit des Weisen ist verlassen; da hat die Werbung des modernen Propaganda-Mannes, des Händlers und Werbefachmannes mit Ideen begonnen. Unter dieses Urteil oder Fragezeichen kommen alle zu stehen, welche Gesellschaften begründet haben wie *Yogananda* mit seiner *Self-Realization-Fellow-ship* oder *Sivananda* mit seiner *Divine-Life-Society;* alle, die

Zeitschriften herausgeben wie die beiden genannten Unternehmungen sowie auch *Ramdas* mit seinem Ashram.

Dieser modernen Betriebsamkeit, die nichts anderes als den Sieg abendländischen Ungeistes über indische Geistigkeit darstellt, steht der echte Guru gegenüber: in die Stille seiner Einsiedelei zurückgezogen, oft gegen Besucher abweisend, allem Lärm der Werbung abhold – der Weise, der die Kraft seiner Weisheit nur wenigen Erwählten darreicht.

In deutscher Sprache sind schon viele Indienbücher erschienen. Wie eifrig man sie auch lesen mag, die Gestalt des Guru findet man in ihnen nicht. Die Reisenden, denen wir diese Bücher verdanken, hatten zunächst die bunte Fülle des Sichtbaren vor Augen und blieben in dem befangen, was sich ihren Augen an Neuem bot. Wir mögen die Reiseberichte des ev. Missionsprofessors *Julius Richter*[6] aufschlagen oder die des Jesuiten *Joseph Dahlmann*[7], auch die des Benediktiners Prof. *Thomas Ohm*[8] dazunehmen: nirgendwo haben sie den Guru in den Blick bekommen. Erst in unserer Zeit ist auch ein Reisender einen Schritt weiter vorgedrungen: *Hans-Hasso von Veltheim-Ostrau*[9] ist auf seinen Asienreisen wiederholt Gurus begegnet, hat sie aufgesucht und die Gespräche mit ihnen aufgezeichnet. Das macht seine *Tagebücher aus Asien* so wertvoll. Aber er steht hier wohl allein.

Wenn uns schon die Reiseberichte der bewußt religiös Urteilenden – mit der einen genannten Ausnahme – bei der Frage nach dem Guru im Stich lassen, wieviel weniger können wir von weltlichen Autoren erwarten, die das Thema Indien oftmals nur benutzen, um ihren eigenen Geist leuchten zu lassen! Da denken wir an die *Indienfahrt* von *Waldemar Bonsels*[10]. Obwohl ihm niemand das Talent eines Erzählers von Rang absprechen wird, vermißt der Suchende in seinem Buch die Wirklichkeit. Der Titel bezeichnet das Buch nicht als Ergebnis phantastischer Schriftstellerei, sondern erweckt die Erwartung, der Leser werde etwas vom wirklichen Indien erfahren. Bonsels hatte weniger als ein Jahr an der Westküste Südindiens zugebracht, als junger Kaufmann, und ich habe alle Orte besucht, die er je hatte sehen können. Sein Buch ist zweifellos ein Erzeugnis lebhafter Einbildungskraft und guter Sprachbegabung, hat aber mit Indien nicht viel zu tun. Wer nun, um von Bonsels zu einem noch bekannteren Autor überzugehen, nach *Hermann Hesses* Buch *Aus Indien*[11] griffe, würde noch mehr enttäuscht, denn – Hesse berichtet in diesem Buch überhaupt nicht von Indien. Er hatte eine Reise nach Hinterindien und Indonesien unternommen, nach Ländern, die man in gewissem Sinne zum indischen Kulturkreis rechnet. Doch wenn wir „Indien" sagen, dann meinen wir stets Vorderindien. Die Aufzeichnungen dieser Reise sind impressionistisch gehalten und haben eigentlich Religionsfragen nicht im Blick. Das Wort Guru erscheint als bloße Vokabel dreimal in einem Traumgesicht; das ist alles, was das Buch zu unserer Frage beitragen könnte.

In den Werken der Indologen spiegelt sich der Gang unserer geistigen Geschichte auch hinsichtlich der Frage nach dem Guru: In *Leopold von Schroeders* berühmten Vorlesungen über *Indiens Literatur und Cultur* (1887)[12] findet sich das Wort Guru im Register nicht. Die nächste Generation erwähnt den Guru, wenn auch nur kurz wie *Garbe*[13] und *Schomerus*[14], dann aber ausführlicher wie *Helmuth von Glasenapp*[15] in seinem bedeutsamen Werk *Der Hinduismus.* Am tiefsten dringt jedoch *J. W. Hauer*[16] in seinem großen Yoga-Werk, wo er in dem Kapitel „Der Yoga und der Westen" den Guru in der Richtung der Psychotherapie oder vielmehr diese in der Richtung des Guru sieht. Hier wartet also auf den indologischen Forscher eine dankbare Aufgabe, denn das vorliegende Buch kann unmöglich die Ansprüche der auf historische Quellenforschung gerichteten Fachwissenschaft befriedigen. Mehr als einen bloßen Hinweis kann es in historischer Hinsicht nicht geben, da es doch dem gegenwärtigen Menschen dienen will!

Wie sehr nun der abendländische Mensch wach geworden ist – wohl als Folge der furchtbaren Weltkriege –, können wir an dem Buch des Schweizer Arztes *Medard Boß*[17] sehen. Seine *Indienfahrt eines Psychiaters* zeigt den abendländischen Menschen als Arzt und Forscher, wie er nach dem sucht, was der Guru geben kann.

Selten nur ist ein Reisender der fremdartigen Wirklichkeit Indien so offen begegnet wie *Herbert Tichy*[18]. In seinem Buch *Die Wandlung des Lotos* finden wir eine Seite, die am Eingang dessen steht, was wir hier meinen. In dem letzten Kapitel „Wunder im Himalaya" erzählt er, was wir hier ausführlich wiedergeben wollen, weil es richtig ist, zugleich aber auch die Schwierigkeit zeigt, die einem Europäer entgegentritt, wenn ihn vor allem Neugier oder Wißbegier, nicht aber die Sehnsucht des Herzens bewegt. Hören wir Tichys Bericht:

„Einmal traf ich einen Sadhu, dessen starke Persönlichkeit mich fast bewogen hätte, auch die Zeit zu vergessen. Er lebte in einer winzigen Steinhütte bei Badrinath, seine Habseligkeiten bestanden aus einer Ausgabe der Gita und einem Lendentuch. Obwohl ich viele Tage in seiner Nähe verbrachte, sah ich ihn niemals Nahrung zu sich nehmen. Die Bewohner von Badrinath, die im November das Tal verlassen und erst im Frühjahr wiederkehren, behaupten, daß er einen eisigen Winter ohne Kleidung und Nahrung hier verbracht habe.

Er strahlte einen tiefen Frieden und vollkommene Harmonie aus. Ich war in seiner Nähe sehr glücklich. Noch auf keinen der Gottsucher, denen ich begegnet war, hatte die uralte vedische Beschreibung so gut gepaßt wie auf ihn: *Sanfter als eine Blume, wenn es sich um Güte handelt; stärker als der Donner, wenn es um Grundsätze geht.* Mit einer bei Eremiten sonst seltenen Gleichgültigkeit gegen Störenfriede hatte er nichts dagegen, wenn ich stundenlang neben ihm im Gras lag, ihn bei seinen Meditationsübungen beobachtete oder ihn in Gespräche verwikkelte. Anfangs war er mit den Antworten ausweichend gewesen, wie einem Kind gegenüber, das über Dinge wissen will, die es nicht verstehen kann."

Soweit wäre der Bericht noch nichts Besonderes, soweit bleibt er in allgemeiner Beschreibung eingegrenzt. Aber das ist nur der Hintergrund für das Folgende, und um dieses geht es uns hier. Hören wir also Tichy weiter erzählen:

„Einmal unterhielten wir uns über die hinduistische Anschauung, daß die tatsächliche Welt um uns nur eine Illusion, eine Täuschung unserer Sinnesorgane sei, und daß nur Yoga die wahre Erkenntnis bringe. Er lächelte über meine Unfähigkeit, mich von den Dingen, die ich greifen und sehen konnte, zu befreien, und zitierte einen alten Mystiker: *Der Blinde durchbohrt die Perle, der Armlose führt den Faden durch, der Halslose trägt sie, und der Zungenlose lobt sie.* Seine Antworten glichen einem Orakel. Erst später, als er meine Ausdauer merkte, nahm er sich die Mühe, mir manches zu erklären. Hätte er mich nur ein bißchen ermuntert, vielleicht wäre ich bei ihm geblieben. Aber er ermunterte mich nicht.

‚Unterrichte mich', bat ich ihn einmal.

Er sah mich so überrascht an, als hätte ich ein unsinniges Verlangen an ihn gestellt.

‚Du mußt den Weg selbst finden', sagte er.

‚Ich brauche einen Lehrer', beharrte ich.

‚Ich bin ein unwürdiger Lehrer', lehnte er ab und fügte lächelnd hinzu: ‚Aber du bist auch ein unwürdiger Schüler'."

Erster Teil

Indische Gurus des 19. und 20. Jahrhunderts

Vorbemerkung

Wir meinen hier den Guru nicht als den geistigen oder religiösen Lehrer überhaupt, sondern wir fragen nach jenen hervorragenden Gestalten, die den Guru als Seelenführer zeigen. Dabei müssen wir zunächst auf die Welt der Upanishaden zurückblicken, sowie die allgemein bekannte Gestalt des Familien-Guru kurz betrachten. Dann aber geht es uns um die Großen, deren Namen auch im Abendland bekannt geworden sind.

Da ist zunächst der größte Hindu-Heilige des 19. Jahrhunderts – Ramakrishna. Dazu seine beiden Meisterschüler: Vivekananda, der Begründer des Ramakrishna-Ordens, sowie Brahmananda, sein Nachfolger in der Leitung des Ordens. Dieser Gruppe von drei Gestalten tritt Ramana Maharishi als Einzelgänger gegenüber. Sivananda schließlich stehe für jenen letzten Abschnitt, da der gefeierte Guru abendländischer Propaganda erliegt und sein Erbe verliert. Das wird nicht zuletzt an seinen Schülern deutlich. So ergibt sich zum Schluß die Frage, ob wir nicht am Ende des ursprünglichen Gurutums stehen.

I

Vorspiel

Wie keine andere Gestalt indischer Religion und Philosophie durchstrahlt der Guru die lange, reiche Überlieferung des Hinduismus: er wird schon in zahlreichen Upanishaden erwähnt. Es kann nicht ausbleiben, daß angesichts der literarischen Zeugnisse sowie der langen Zeit ihrer Überlieferung und Auslegung das Wort Guru uns in verschiedener Bedeutung begegnet.

Einmal meint Guru den Lehrer, jeden Lehrer. Dabei ist natürlich nur an einen Lehrer religiöser Unterweisung gedacht. Aber auch wenn er die Hindu-Religion lehrt, so kann solches Lehren sich auf das bloße Mitteilen von gelehrtem Wissen beschränken. Damit wäre der Guru aber wesentlich gleich dem Pandit. Gewiß, der Guru sollte auch genaue Kenntnis der hl. Schriften des Hinduismus haben, und für gewöhnlich besitzt er sie auch oder erwirbt sie sich im Laufe seines Lebens. Eine Gestalt wie *Ramakrishna* bildet hier eine Ausnahme. Doch der Guru wird zum Guru erst durch das, was ihn vom Pandit unterscheidet, was ihn über den Bereich des bloßen Wissens hinaushebt.

Oder der Guru würde in Zeremonien einführen und sie auch selbst vollziehen. Hier stünde er nahe dem Priester. Als Hausbrahmane leitet der Guru auch heute noch oftmals die entscheidenden Schritte von einer Lebensstufe auf die andere. Er lehrt nicht nur, gibt nicht nur Anweisungen, sondern er wacht darüber, daß sie auch vollzogen werden: er ist zugegen und hilft dem Übenden, daß er Schritt für Schritt durch die vorgeschriebene Übung innerlich reift. Dazu geben wir im Schluß dieses Kapitels noch ein treffendes Beispiel aus unserem Jahrhundert.

Schließlich finden wir den Guru als den Lehrer der Weisheit. Er hat die Worte der Überlieferung durch eigene Erfahrung nachgeprüft; er hat sie, wie der moderne Hindu sagt, „verwirklicht“ (auf Englisch *realized*). Dieser Begriff der Verwirklichung[3] *(realization)* unterscheidet ihn endgültig vom Pandit wie vom Pujari, vom Gelehrten wie vom Priester. Er mag auch ihre Funktionen wahrnehmen; doch als Guru ragt er über sie hinaus. Indem er zum Guru geworden ist, läßt er die Dienste jener beiden meist zurück und widmet sich nur noch seinem eigentlichen geistigen Auftrag.

1. Der Guru der Upanishaden

Schon in alter Zeit suchte der fromme Hindu einen Guru auf, wurde von diesem in mannigfaltiger Weise geprüft und erst dann als *Chela* (Schüler) angenommen, wenn er sich in den Prüfungen bewährt hatte. Diese bestanden in Versuchungen, die den Charakter betrafen, das innere Wesen des Suchenden. Es waren nicht Prüfungen des Wissens oder der Handfertigkeit wie bei uns im Westen, wenn wir von „Prüfungen“ sprechen.

Der Guru lebt in seiner Seinsordnung als Mönch; die Schüler haben an diesem Leben teil: sie verrichten die Dienste des Hauses, die zur Ordnung des alltäglichen Lebens gehören; sie schweigen mit ihrem Guru, sie werden durch ihn in die hl. Schriften eingeführt, aber sie üben mit ihm auch das Ausrufen und Singen göttlicher Namen *(Japam* und *Kirtan)*. Zu diesem Gemeinsamen treten dann die geheime, persönliche Unterweisung, die auf jeden Schüler persönlich zugeschnittene Übung und deren Kontrolle, die inneren Erfahrungen und ihre Deutung.

„In alter Zeit“, so schreibt *Sister Devamata*[19] in ihrem Buch *Tage in einem indischen Kloster*, „ging der Schüler *(disciple)* zu seinem Guru in irgendeine stille Einsiedelei, die im Innern des Waldlandes verborgen lag; seine täglichen Pflichten waren: aus dem Dschungel das Brennholz zu holen und aus dem Fluß das Wasser, frische Bambuspfosten zu schneiden, um die Hütte neu zu bauen, oder trockene Palmblätter zu sammeln, um das Dach auszubessern. Wenn diese einfachen Aufgaben beendet waren, pflegte der junge Mann zu den Füßen seines Meisters niederzusitzen und von ihm die hl. Schriften zu lernen." Soweit der kulturgeschichtliche Bericht. Nun aber schließt dieser kurze Hinweis mit einem weiteren Satz, wie ihn zutreffend nur jemand schreiben kann, der aus eigener Erfahrung spricht: „Die wichtigste Anweisung wurde jedoch nicht in Worten gegeben, sondern durch den ständigen Umgang mit einer erleuchteten Seele" *(with an enlightened soul).*

Auf welche Überlieferung die Gestalt des Guru zurückblicken kann, ahnen wir angesichts des Schlußstücks der *Brihad-Aranyaka-Upanishad,* jener, wie der Name schon sagt, im Walde gegebenen umfassenden und geheimen Unterweisung. Dort werden 52 Namen (d.h. doch wohl soviel, wie das Jahr Wochen hat) – 52 Namen einer Guru-Ahnenreihe angeführt,und mit dieser Aufzählung schließt die Upanishad[20]. Vorher jedoch wird im selben Kapitel, im dritten Brahmana, fünfmal wiederholt, was wir so umschreiben können: nach dem Singen des Gayatri-Mantras solle der Schüler die 52 Namen der aufeinander folgenden Lehrer in der Gurufolge „andächtig vor sich hinmurmeln", wie Walther Eidlitz[21] es erklärt. „So wichtig", fährt Eidlitz fort, „erscheint dem upanishadischen Seher, daß sich der Schüler jeweils mit der Macht der lebendigen Tradition verbindet, daß er in fünfmaliger feierlicher Wiederholung dort ausspricht: ‚Sogar an einem trockenen Holzstumpf würden dadurch Zweige entstehen und Blätter daraus hervorsprossen'."

Jene Guru-Reihe ist aber nur der Anfang. Ihr folgen weitere Reihen oder Stammbäume, die sich mannigfaltig verzweigen. Doch wir gehen hier nicht den Überlieferungen geschichtlicher und vorgeschichtlicher Zeit nach; wir wollen in diesem Buch nicht lückenloses Wissen darbieten, sondern uns geht es darum, das Wesen des Guru zu erfassen. Dazu ist zunächst ein gewisser Rückblick als Hinleitung nötig. Wichtiger ist uns jedoch die Gegenwart, genauer, ob und wie sich im 19. und 20. Jahrhundert die Gestalt des Guru bewährt.

Der Guru hat mit dem westlichen Lehrer und erst recht mit dem abendländischen Dozenten nichts gemeinsam. Sogar wenn er in jungen Jahren in England studiert hat und fließend Englisch spricht, als Guru hebt er sich von solchem Wissen ab; zum Guru ist es nicht nötig. Wer zu ihm geht, erstrebt weder Wissen noch eine praktische Fähigkeit, die ihn zum Broterwerb tüchtig macht, sondern er sucht den Zugang zur Weisheit; er möchte auf jenen Weg gewiesen werden, der ihn zur Quelle der Weisheit führt, zum Geist und seiner Erleuchtung. So kann der Guru der *Chandogya-Upanishad*[22] sagen:

> „Dem Atman, dem Alterslosen, dem Todlosen, dem Gramlosen, der ohne Hunger ist und ohne Durst nach den Dingen dieser Welt, dessen Begehren nur nach der ewigen Wirklichkeit geht, dem soll man nachforschen.“

Der Schüler eines Gurus blickt, wenn er zum Guru aufschaut, nicht nur zu einem menschlichen Lehrer empor, sondern im Guru ahnt oder erfährt er die Gottheit selber. Sie, die Gottheit, ist der oberste Guru. Wie der Fromme ihr begegnet, so solle der Schüler sich auch seinem menschlichen Guru nahen. So sagt die *Shvetashvatara-Upanishad*[23] ganz am Ende:

> „Die Reichtümer der ewigen Wirklichkeit, die ausgesprochen wurden, leuchten nur auf in einer großen Seele, welche höchste Bhakti hat zu Gott und wie zu Gott, so auch zum Guru.“

Der Guru führt die uralte Überlieferung fort: er liest oder hört das Wort der Überlieferung – er nimmt es in sich auf und läßt es wirken – er wird durch dieses Wort erleuchtet. Dann aber bildet sich ihm unter dem Einströmen eines solchen Wortes eine eigene Erklärung und Aussage, er spricht ein eigenes Wort. Diese Eigenworte des wahren Guru werden gleichfalls als göttlich verehrt, werden gesammelt, überliefert und betrachtet. Daher die mancherlei Sammlungen der *Sayings* der Gurus neuerer Zeit!

Dabei gibt es aber keinen dogmatisch festgelegten Begriff des Guru! Die Kraft des Geistes, die Wirkung des Wesenhaften, das der Guru ausstrahlt, entscheidet allein. Dieser Lebens- und Wirkensgrund ist so wichtig, daß jede Richtung des Hinduismus ihre großen Lehrer jeweils als Gurus verehrt; daß die Anhänger der einen Richtung auch den Lehrern der ihnen entgegengesetzten den Guru-Titel zubilligen. Es gibt im Hinduismus beträchtliche Unterschiede und Gegensätze. Aber in der Verehrung des Gurus sind alle Hindus miteinander einig. Darauf hat Walther Eidlitz hingewiesen, und wir werden seine Aussagen darüber noch kennenlernen (vgl. Seite 102ff. dieses Buches).

In alter wie in neuer Zeit gehört zum Guru und seinem Wirken aber dieses eine noch dazu: er läuft dem Schüler nicht nach – er verhält sich überhaupt sehr vorsichtig gegenüber denen, die seine Schüler werden wollen; er prüft sie, stellt sie auf die Probe. Schon in der *Bhagavad Gita*[24] ist diese Grenze scharf und deutlich gesetzt. Da spricht die göttliche Stimme des Hehr-Erhabenen: „Solches darfst du nie einem Zuchtlosen, einem Nicht-Bhakta, einem, der nicht Schüler der Lehre ist, oder gar einem, der wider Mich murrt, mitteilen."

Wo aber – in alter wie neuer Zeit – ein Schüler seinen Guru findet, da ist das menschliche Glück vollkommen. So bezeugt *Eidlitz*[25]: „Das Glück, einem wahrhaften Gottgeweihten, einem ‚Seienden' zu begegnen, kann noch eine Steigerung erfahren: dem wahren Guru zu begegnen und von ihm erwählt zu werden."

Im folgenden treten wir Gurus gegenüber, die aus sich selber, richtiger: durch unmittelbare Erleuchtung in diesen Stand gerufen wurden, obwohl auch sie später einiges nachholen mußten; ferner solchen, die durch einen Guru eingeweiht wurden; schließlich auch einem, der zwar Meisterschüler eines Guru war, selbst aber nicht dem Stand der Gurus angehörte, weil seine Eigenart sowie der Auftrag seines Lebens in andere Richtung wiesen (Vivekananda). Wir begegnen echten Gurus sowie solchen, die den ursprünglichen Weg verlassen haben (Sivananda). Schließlich erfahren wir, wie drei Menschen des Abendlandes auf ihren indischen Wanderungen Begegnungen hatten und Erfahrungen machten, wie man sie eben nur in Indien haben kann: eine Französin – ein Österreicher – ein Deutscher. Wir werden sehen, wie jeder dieser drei aus den indischen Erfahrungen andere Folgerungen gezogen hat.

2. *Der Familien-Guru*

Neben den geschichtlich wirksamen und mit Namen genannten Gurus leben und wirken noch zahlreiche ungenannte Männer, die einen ähnlichen Dienst tun, ohne daß sie zur Höhe der berühmten Gurus aufgestiegen sind. Wir finden sie in der Reihe der Hausbrahmanen, die auch *Familien-Gurus* heißen. Wie solch ein Guru dient, wie er fast psychotherapeutisch dient, hat *Heinrich Zimmer* im ersten *Eranos-Jahrbuch*[26] berichtet. Dort handelt er von religiösen Übungen und führt aus, wie sie das Leben frommer Hindus leiten. Als Beispiel zeigt er die Übung, die den Namen *das Hinschenken der Frucht* trägt:

Wenn eine Mutter einen Sohn geboren hat, fängt sie nach wenigen Jahren an, sich auf den Tag vorzubereiten, da sie ihn wieder hergeben muß. Das geschieht einmal im Jahr durch eine jährlich zu wiederholende Übung. Im Sanskrit heißt die Frucht *phala*, die Gabe *dana*, die Observanz *vrata*. Es handelt sich also um die *phala-dana-vrata*, um die Übung, die Frucht – nämlich den Sohn – wieder herzuschenken (an die Welt hinzugeben).

Auf dieses große Opfer rüstet sich die Mutter Schritt für Schritt. Um das fünfte Lebensjahr des Sohnes fängt sie damit an. Diese Übung fordert sie jedes Jahr etwa einen Monat und wird vom Hausbrahmanen, dem Guru der Familie, geleitet, bis die Mutter das Ziel erreicht hat und zur Hergabe des Sohnes reif geworden ist.

Die Mutter beginnt damit, daß sie zunächst kleine Früchte, die sie gern hat, opfert. Sie verzichtet darauf, sie selber zu essen, und bringt sie täglich mit Reis und Gemüse dem Hausbrahmanen als Gabe dar. Des Morgens fastet sie. Wenn der Guru am Vormittag kommt, so reicht sie ihm die Gabe. Er ißt davon und gibt auch ihr eine Kleinigkeit, die sie andächtig zu sich nimmt. Dann setzt sie ihr Fasten bis zum Abend fort. Bei jedem seiner Besuche erzählt der Guru der Mutter eine mythische Geschichte von einer Frau, die alles opferte und dadurch große Kraft empfing. Die Mutter, heiliges Gras in den zusammengelegten Händen haltend, folgt der Erzählung in tiefem Schweigen.

Vom Opfer der Früchte schreitet die Übung fort zum Opfer

solcher Metalle, aus denen der Schmuck der Frauen gefertigt wird. Der Weg führt von Eisen über Kupfer und Bronze zu Gold. Diese Metalle stehen wohl für den Schmuck der Frau; denn er ist – außer den Kleidern – der einzige persönliche Besitz der Hindu-Frau, an dem hängt sie auch. Über den Abschluß dieser Übung hören wir Heinrich Zimmers eigene Worte:

„Die letzte, äußerste Steigerung dieses Opferganges ist ein völliges Fasten: die Frau reicht dem Guru frische Kokosmilch und muß den ganzen Tag Durst leiden. Brahmanen, Verwandte und Gesinde (Untertanen) wohnen der Zeremonie bei; sie vertreten als Zeugen die Welt, an die der Sohn dahingegeben werden muß. Zum Abschluß der Observanz werden zwölf Brahmanen, ein paar Bettler und Angehörige des fünften Standes der ‚Unberührbaren' zeremoniell gespeist: höchste und niederste Kaste, Spitze und Sockel der sozialen Pyramide stellen sinnbildlich und als Zeugen die gesamte soziale Welt dar, an die der Herangewachsene aus Heim und Mutterbanden überantwortet werden muß. Auch ein Verwandter vom Mannesstamm muß dabei zugegen sein, er vertritt den Teil der Welt, den das mütterliche Opfer des Sohnes an die Welt zumeist angeht. Die Observanz findet ihr Ende darin, daß der Guru die Mutter für reif erklärt, das Hinschenken des Sohnes an die Welt zu vollziehen. Dann bringt sie das Opfer der Frucht ihres Lebens –: schweigend und innerlich."

Der Leser wird verstehen: hier kommt keine Mutterbindung auf, denn solche Übung bewahrt Mutter und Sohn vor jenen seelischen Nöten, die so viele westliche Menschen bedrängen. Es geht also um eine Übung, denn bloßes Wissen und Denken genügt nicht. Durch Übung macht der Mensch Erfahrungen, durch Übung wird er geformt. Und der die Übungen leitet, ist der Guru.

II

Ramakrishna [27]

1. *Sein Leben*

Ramakrishna wurde 1836 in Kamarkupur in Bengalen geboren. Sein Vater Khudiram Chatopadhyaya, ein rechtlicher, armer Brahmane, war schon 60 Jahre alt, als Chandramani, seine Ehefrau, ihm den Sohn *Gadadhar* gebar, der später als Ramakrishna die Welt in Erstaunen setzen sollte.

Der junge Gadadhar fiel schon in seiner Kindheit durch Ereignisse auf, die ihn im Abendlande wahrscheinlich in eine Nervenheilanstalt gebracht hätten: ihm widerfuhren Ekstasen, zum ersten Mal mit sechs Jahren. Als er einmal zu seinem Vater aufs Feld ging, schaute er am Himmel eine Schar weißer Kraniche. Das sei so schön gewesen, erzählte er später, „daß mein Geist in ferne Regionen entrückt wurde. Ich verlor das Bewußtsein und stürzte nieder... Ein Übermaß von Entzücken, von Erschütterung hatte mich niedergeworfen“ (R 31). Der Junge war ein künstlerischer Mensch, der durch das Erleben des Schönen in die göttliche Welt emporgetragen wurde. Bezeichnend ist auch seine zweite Ekstase, die ihm mit acht Jahren widerfuhr. Er nahm an einem Schauspiel teil und stellte den Gott Siva dar. Plötzlich verliert er sich in seiner Rolle: Tränen des Entzückens rollen über sein Kindergesicht; er geht in die Glorie des Gottes ein. Man hält ihn für tot (R 33).

Als der Vater starb und die Familie in Not geriet, ging der ältere Bruder – unter dem Widerspruch des jungen Gadadhar – als Tempelpriester nach *Dakshineswar.* Doch nach einem Jahr starb auch er, und Gadadhar trat an seine Stelle. Er war 20 Jahre alt, ermangelte aber ganz der höheren Bildung. Dieser Mangel hing ihm sein ganzes Leben hindurch an, störte ihn aber nicht, da er bis zu seinem Ende ein kindlicher Mensch blieb, von jedem Ehrgeiz frei. Die Gottheit, der er in Dakshineswar diente, war Kali, die Mutter-Gottheit, deren wahren Sinn wir erst durch die moderne Tiefenpsychologie zu verstehen begonnen haben. Wer ihr nur mit dem Verstande naht, dem erschließt sich die Wirklichkeit, die sich in ihr darstellt, nicht. Für das religiöse Erleben des jungen Gadadhra ist diese Vision bezeichnend, die er selber später erzählt hat (R 41):

„Eines Tages war ich unerträglicher Beängstigung preisgegeben. Mir war, als winde man mein Herz aus, gleich einem nassen Linnen ... Qual zerriß mich. Bei der Vorstellung, daß mir mein Leben lang der Segen jener göttlichen Erscheinung versagt sein sollte, packte mich schreckliche Raserei. Es hing das große Schwert in Kalis Heiligtum. Mein Blick fiel darauf, und ein Blitz durchzuckte mein Hirn. – Sie! ... ‚Sie wird mir helfen, ein Ende zu machen'. ... Ich stürze vor. Ich packe das Schwert wie ein Rasender ... Und siehe! ... der Raum mit all seinen Türen und Fenstern, der ganze Tempel verschwindet. Mir war, als ob er gar nicht mehr existierte. Doch an dessen Stelle gewahrte ich einen Ozean des Geistes, ohne Grenzen, blendend. Wohin ich auch das Auge wendete und so weit ich auch die Blicke schickte, überall sah ich Riesenwogen dieses leuchtenden Meeres anrollen. Wütend, mit furchtbarem Tosen stürzten sie gegen mich heran, als wollten sie mich verschlingen. Schon waren sie über mir, brachen sich, rissen mich in den Abgrund. Dahingerollt von ihnen meinte ich zu ersticken. Ich verlor das Bewußtsein und sank ... Wie dieser Tag und der folgende vergangen ist, davon weiß ich nicht das geringste. In mir wogte ein Ozean unaussprechlicher Seligkeit. Und bis zum untersten Grunde war ich der Gegenwart der Göttlichen Mutter gewiß ...".

Hier haben wir beides: in den Wogen des Ozeans die Erfahrung des Ungestalteten, der unpersönlichen Seinstiefe der menschlichen Seele; dann aber die personhafte Deutung des Erlebten als Manifestation der „Göttlichen Mutter".

Der junge Tempelpriester hatte keinen Unterricht in mystischen Übungen erhalten. Ohne von den Gefahren zu wissen, die auf diesem Wege auf ihn lauerten – etwa der Gefahr des Wahnsinns –, stürzte er sich wie ein Rasender in die ihm unbekannte und doch so verlockende Welt des Überirdischen. Er verlor die Verbindung mit der Außenwelt und versäumte seine Pflichten als Priester, weil er mitten im Tempeldienst in Verzückung fiel.

Als die Not am größten war, geschah ihm doppelte Hilfe: Zuerst kam eine ältere brahmanische Nonne. Diese führte ihn den Weg, den er unbewußt zurückgelegt hatte, bei vollem Bewußtsein, so daß er nunmehr erkannte, was ihm widerfahren war. Diese Nonne verbreitete seinen Ruf. Danach kam *Totapuri*, der sogenannte *splitternackte Mann;* der erkannte sofort das Außerordentliche an dem jungen Priester. Das war im Jahre 1864. Nachdem Gadadhar bisher in seinen Visionen die persönliche Gestalt der Gottheit geschaut hatte, führte Totapuri ihn nunmehr in die Erkenntnis des unpersönlichen Aspekts ein.

Totapuri weihte ihn ein und machte ihn zum Sannyasin: dazu gehörte der Verzicht auf alles, was den Einzuweihenden an die Welt bindet; auch die Brahmanenschnur ist abzulegen. Zum Zeichen dieses Abschieds von allen Erdenbindungen muß der Einzuweihende seine eigene Leichenfeier halten. Dann erst darf er das ockerfarbene Gewand des Sannyasin anlegen. So geschah es auch hier. Danach gab ihm Totapuri den Namen *Rama Krishna Paramhamsa.*

So leicht es Ramakrishna auch gefallen war, die persönliche Schau der Gottheit zu gewinnen, so schwierig stellte sich ihm die neue Aufgabe, die vor der Einweihung zu lösen war, nämlich den unpersönlichen Aspekt zu erreichen. Doch hören wir ihn hierzu selber (R 58f.):

„Der splitternackte Mann (Totapuri) gab mir auf, meinen Geist von allen Gegenständen loszulösen und in die Tiefe des Atman niederzutauchen. Aber trotz meiner vielen Mühe vermochte ich durch das Reich der Namen und der Formen nicht hindurchzudringen und meinen Geist in den ‚nichtbedingten' Zustand zu bringen ... Verzweifelnd sagte ich zu Totapuri: ‚Es ist unmöglich! Es gelingt mir nicht, meinen Geist bis zum ‚nicht-bedingten' Zustande zu erheben, von Angesicht zu Angesicht dem Atman gegenüberzutreten ...'. Er antwortete mir streng: ‚Was, du kannst nicht? Du mußt!' Er blickte umher, fand ein Stückchen Glas, nahm es und stach mir dessen Spitze zwischen die Brauen, wobei er sprach: ‚Konzentriere deinen Geist auf diese Spitze!' – Ich begann mit allen Kräften zu meditieren; und jedesmal, wie die liebliche Gestalt der Göttlichen Mutter mir erschien, gebrauchte ich mein Unterscheidungsvermögen als ein Schwert und hieb sie entzwei. Da blieb dann kein Hindernis mehr vor meinem Geiste, der sogleich über die Region der ‚bedingten' Gegenstände sich hinausschwang. Und ich verlor mich in *Samadhi*[28] ..." (R 59). Damit hatte Ramakrishna in drei Tagen erreicht, wozu Totapuri 40 Jahre gebraucht hatte. Totapuri wollte nur drei Tage verweilen, aber er blieb elf Monate. Als Lehrer war er gekommen, als Ramakrishnas Schüler zog er von dannen.

Als sein Vater – früher schon – mit Bestürzung wahrnahm, was für einen Weg sein Sohn einschlug, versuchte er, ihn durch Heirat an die Erde zu binden. Der Sohn sträubte sich nicht; aber als seine kindliche Frau herangewachsen war, stellte er sie vor die Wahl, ob sie auf ihn als Ehemann Anspruch erheben wolle oder nicht. Sie verstand seinen Weg und verzichtete. Dadurch gewann Ramakrishna jene Freiheit, die ihn zu seinen letzten Schritten fähig machte, denn für diese ist völlige Enthaltsamkeit vorgeschrieben.

Er unternahm 1867 sowie in den folgenden Jahren kleine Reisen, auf denen er zum ersten Mal die unsagbare Armut der indischen Menschen sah. Seit dieser Zeit verstand er, daß man Gott nur dienen könne, wenn man seinen ärmsten Kindern diene. Hier liegt die Wurzel für das soziale Handeln, das später den Ramakrishna-Orden auszeichnen sollte.

Nun kam er auch zum ersten Mal in Berührung mit den gebildeten Menschen seines Landes und durch sie mit den neuen Gedanken des Westens. Er hatte innerlich seinen Stand gefunden und erkannte nun seine Aufgabe in der Welt. Er war bereitet, Schüler zu gewinnen, die seine Erkenntnisse und Erfahrungen weitertragen würden. Besucher kamen in großen Scharen und legten ihm Lebensfragen vor, die er mit großer Geduld beantwortete. Aber wo es angebracht war, warf er sein zündendes

Wort in ein Menschenherz, das gleich einem Feuer noch tagelang weiter brannte.

Im Jahre 1884 wurde er immer kränker – Kehlkopfkrebs. Wer ihn besuchte, wurde durch sein Lächeln der Liebe und Güte bewegt. 1886 tat er seinen letzten Atemzug in dem Glauben, er gehe nur „von einem Zimmer ins andere hinüber..." (R 234).

2. *Der Guru und seine Schüler*

Ein Lehrer wird nach seinen Schülern beurteilt. Sein Wesen wird vornehmlich daran erkannt, wen er als Schüler annimmt und wie er seine Schüler führt. Wir haben es hier mit einer anderen Lehrer-Schüler-Beziehung zu tun als bei uns im Abendland.

Ramakrishna leitete nur solche Schüler an, die er persönlich gerufen hatte. In dieser Berufung, in der ihr vorausgehenden Wahl zeigt sich der Guru in seiner wahren Meisterschaft: manch einer möchte Schüler werden, doch er lehnt ab.

Zur rechten Erkenntnis hat ihm eine ungewöhnliche seelische Reizbarkeit verholfen, die bis ins Leibliche hinein wirkte. Die Legende berichtet, er habe eines Tages eingewilligt, einen Mann zu berühren, der tadellos erschien, in dessen Innerem sich aber eine unsaubere Seele verbarg. Kaum hatte Ramakrishna ihn, der unter seine Schüler aufgenommen werden wollte, berührt, als er auch schon vor Schmerz aufheulte (R 323). – Augenzeugen berichten, Ramakrishna habe einmal gesehen, wie ein Mann einem anderen einen Faustschlag versetzte. Darauf zeigten sich an seinem eigenen Leibe Spuren, als ob er selber solch einen Schlag erhalten habe. Als er gegen Ende seines Lebens vor dem Reichtum richtigen Abscheu empfand, konnte er nicht einmal mehr Gold berühren, ohne Brandwunden davonzutragen. So war der Guru beschaffen, der jeden jungen Mann prüfte, der sein Schüler werden wollte. Und wie prüfte er!

Zunächst verlangte er, um der Faulenzerei vorzubeugen, daß jeder, der sein Schüler werden wollte, seine irdischen Pflichten erfüllt habe: seine Angehörigen mußten versorgt sein; mehr noch, sie mußten ihre Zustimmung dazu geben, daß einer der Ihren diesen entsagungsreichen Weg des Chela gehen dürfe.

Am liebsten wählte Ramakrishna junge, unverheiratete Leute. Kam aber einmal ein Verheirateter wie der spätere Brahmananda, so prüfte der Meister auch die Ehefrau, ob sie ihrem Mann ein Hindernis sein werde oder eine Helferin. Nur in diesem Fall nahm er den Mann an. Bei dem zur Wahl stehenden jungen Menschen prüfte Ramakrishna nicht nur den Zustand seiner Seele, ob er wirklich ein Suchender, ein geistig Hungernder sei, sondern er achtete auch auf die Gesundheit des Leibes. Der Weg, der auf ihn wartet, ist so anstrengend, daß nur sehr gesunde, geradezu athletisch gebaute Männer ihn bestehen können. Diese Tatsache wolle man sich auch im Westen deutlich vor Augen halten, um von Anfang an auf jede billige Schwärmerei zu verzichten. Wer diesen Weg beschreiten will, muß es ganz tun. Alles andere wäre Heuchelei! Diese Schärfe der Wahl bezeugt auch *Mukerji* deutlich, wenn er schreibt: „Bemerkenswert vor allem ist, daß Ramakrishna, der gastfreundlichste und großzügigste Mensch zu allen Menschen, äußerst streng war in der Wahl seiner Schüler“ (M 78). Darin hat er recht getan, und wir haben von keinem seiner Schüler gehört, der ihm Unehre gemacht habe.

Wie verfuhr Ramakrishna im einzelnen, wenn er einen Schüler auswählte? „Nicht ich“, so sagte er einmal, „wähle meine Schüler. Die Göttliche Mutter bringt sie mir zu. Ich bilde nur diejenigen aus, die sie erwählt hat. Sie lehrt mich, ihre geheimen Gewohnheiten, ihre Zu- und Abneigungen zu prüfen. Des Nachts, während sie schlafen, trete ich mit ihnen in Verbindung; dann läßt sie, die Allwissende, die Schleier fallen, die jene umhüllen, und zeigt mir nicht nur, wie sie sind, sondern ebenso den Grad von geistigem Fortschritt, den jeder von ihnen täglich verwirklicht. Vermag man mit den Augen der Seele zu schauen, so erkennt man das Selbst der Menschen auf die gleiche Weise, wie man etwa durch ein Schaufenster die Gegenstände erkennt, die außer jeglicher Reichweite liegen. So setze ich mich in Gewißheit über den Charakter meiner Schüler, lange bevor ich ihnen die Einweihung erteile.“ (M 79)

Überaus bemerkenswert ist die Art, wie *Lattu*, der wohl am

wenigsten gebildete Schüler Ramakrishnas, aufgenommen wurde. Schenken wir ihm noch unsere Aufmerksamkeit!

Lattu war der Diener eines reichen Kaufmanns. Dieser wollte die Reihe seiner guten Werke durch einen Besuch in Dakshineswar krönen und Ramakrishna besonders wertvolle Gaben bringen. Lattu begleitete ihn als Diener. Die beiden, Herr und Diener, traten bei Ramakrishna ein und legten unter den üblichen Grußzeremonien die Gaben zu Füßen des Meisters nieder. Die kostbaren Geschenke mußten Ramakrishna ins Auge stechen; doch der sah sie nicht – sein Blick war ganz auf Lattu gerichtet. Dieses Gesicht, das er – wie er später aussprach – solange erwartet hatte, stand endlich in seiner ganzen Unschuld vor ihm. Lattu aber wußte nicht, was hier geschah. Ramakrishna befahl, die Gaben zu verkaufen und den Erlös den Armen zu geben. Nachdem dies geschehen war, kehrte Lattu zwei Tage später zurück. Ramakrishna war gerade im Gespräch mit Schülern begriffen. Wie Lattu ins Zimmer tritt, geschieht etwas Unerhörtes: der Meister erhebt sich zu seiner ganzen Größe und spricht mit Ergriffenheit: „Warum kommst du wieder?“ Mit tränenfeuchten Augen antwortet Lattu: „Herr, in früheren Zeiten konnte ich dich nicht finden; so laß mich wenigstens in diesem Leben dich nicht verlieren.“ Und es heißt weiter, er habe sich zu Boden geworfen und sein Gesicht in den Füßen des Meisters geborgen (M 103).

Was war geschehen? Lattu hatte die entscheidende Verwandlung durchgemacht. Er hatte – wie Mukerji berichtet – keinen inneren Kampf zu bestehen, nicht die Qual, durch Bücherweisheit sich hindurchzuringen. Turyananda soll von ihm gesagt haben: „Viele von uns tappten in den schlammigen Gewässern der Gelehrsamkeit und kämpften mühsam gegen die Fluten des Hochmuts, um die andere Seite, das andere Ufer zu erreichen, wo der Herr war. Aber Lattu, dieser Junge, hat wie der Affe Hanuman mit einem Sprung alle Hindernisse überwunden und sich zu den Füßen des Heiles (Mukti) niedergelassen. Welch innere Schau, welche geistige Gewißheit! Wahrlich, Lattu ist größer als wir alle!“ (M 104)

Ramakrishna stellte keine festen Lehrformeln vor, sondern leitete zu eigener Erfahrung an, zu einer Erfahrung im Geist.

Auch hier verfuhr er, wie das folgende Beispiel zeigt, individualisierend:

Die Tochter eines seiner Schüler gestand, sie könne sich beim Beten nicht sammeln. Ramakrishna fragte sie, was ihr auf Erden das Liebste sei. Sie antwortete, das sei das kleine Kind ihres Bruders. Da sprach der Meister warmherzig: „Dann sammelt eure Gedanken auf das Kind!“ Es wird berichtet (R 164), sie sei diesem Rat gefolgt und habe durch den kleinen Knaben hindurch das Kind Krishna geschaut, sei also durch das ihr liebste Weltliche in den überweltlich-göttlichen Bereich aufgestiegen. Was heißt das? Sie suchte danach, mit der göttlichen Welt in Berührung zu kommen. Wer diese Sehnsucht hat, dem werden auch Geschöpfe zu Türen hinüber in die Transzendenz. An der Grenze trägt die Gottheit noch Züge, die sie mit dem Geschöpf verbinden. Erst auf höherer Stufe enthüllt sie sich in ihrer Göttlichkeit selber.

Wir im Westen in unserer intellektualisierten Welt müssen sehr aufmerksam hinhören, um das zu verstehen, was die Eigenart Ramakrishnas ausmacht: er lehrte keine Lehrsätze, sondern leitete an, selbst Erfahrungen zu sammeln, Erfahrungen im Geist. *Damit hat er in der Geschichte des Gurutums eine neue Stufe betreten: er läßt dem Schüler die innere Freiheit, seine eigenen Erfahrungen zu machen.* Früher hatte der Guru mehr Autorität als die Eltern, und sein Wort war oberster Befehl. Ramakrishna jedoch – war es westlicher Einfluß, oder war es der Künstler in ihm? – ließ jedem seinen eigenen Weg der Erfahrung, der Begegnung mit dem Ursein. So ist er aller Doktrin geradezu feind, aber auch die Metaphysik als intellektuelle Lehre lehnt er ab. „Unlieb“, so sagte er einmal, „sind mir Haarspaltereien. Gott ist höher als das Vermögen des Verstandes. ... Tretet in den Garten ein, esset von den heiligen Mangofrüchten und geht wieder! Ihr seid nicht eingetreten, um die Blätter des Mangobaums zu zählen.“ (R 170)

Ramakrishna hatte geahnt, was heute schon viele erkannt haben: *wir stehen an einer Wende des menschlichen Bewußtseins.* Das bloße Wissen, das lehrhafte Wort als solches wirkt nicht mehr. Wir fragen nicht mehr nach richtiger Rede, sondern wir wollen echtes Sein erfahren und die aus ihm entspringende echte Rede vernehmen. Gern hören wir auf den, der aus dem Sein heraus spricht. So allein ist auch ein Wort zu verstehen, das in diesem Jahrhundert von einem indischem Munde, und zwar gegen einen Europäer, ausgesprochen wurde: „Was du bist, schreit so laut, daß ich nicht mehr hören kann, was du sagst." Das Ideal aber wäre, wenn wir sprechen könnten: „Was du bist, spricht so laut, daß du gar nichts mehr sagen mußt – ich höre dich auch ohne Worte." In der Richtung dieses letzten bejahenden Satzes bewegt sich Ramakrishna. Er sagte einmal: „Die Zeiten, in denen die vom Geist erfüllten Reden eines Lehrers die Menschen zur Gottesschau führten, sind vorbei. Wir müssen heute von anderen Voraussetzungen ausgehen. Wir müssen ein solch starkes inneres Leben führen, daß es zu einem lebendigen Sein wird." (M 77)

So stellt Ramakrishna also einen neuen Typus des uralten Guru dar. Deshalb fragen wir jetzt, was er in seinen Aussprüchen über den Guru zu sagen habe. Dabei folgen wir der englisch-indischen Ausgabe seiner *Sayings*[29], seiner Aussprüche:

„Der Guru ist ein Mittler. Er bringt Menschen und Gott zusammen" (180). – Ehe der Schüler die Gottheit schauen kann, sieht er seinen Guru, und zwar in einer Schau göttlicher Erleuchtung. Dieser Guru zeigt ihm später die Gottheit. So „schaut der Schüler dann Guru und Gottheit als ein und dieselbe Wirklichkeit" (177). Dabei findet zugleich ein Zusammenwirken statt: „Der menschliche Guru flüstert die heilige Formel ins Ohr; der göttliche Guru bläst den Geist in die Seele" (191).

Dem Bande *Ramakrishnas Ewige Botschaft* entnehmen wir noch weitere Aussagen: „Die Welt ist das Feld der Ewigkeit. Durch Tätigkeit wird Erkenntnis erworben. Der Lehrer (Guru) gibt dem Schüler Anweisung, welche Arbeit zu tun ist, und welche nicht. ... Der Lehrer ist wie der Arzt, der die Medizin verschreibt, um die Krankheit zu heilen." (EB 145) – „Sein-Wissen-Wonne *(Satchitananda)*[30] ist der einzige Lehrer. Erweckt ein Mensch in Gestalt des Seelenführers (Guru) dein göttliches Bewußtsein, wisse: Die Gottheit, das Absolute, hat um deinetwillen menschliche Gestalt angenommen. Der Guru ist wie ein Gefährte, der dich bei der Hand nimmt und führt." (EB 159) – „Mit der Gnade des Seelenführers (Guru) braucht man nichts zu fürchten; er zeigt dem Schüler, was er ist, und enthüllt ihm sein wahres Wesen.“ (EB 165) – Aber er hilft auch dem Schüler, Gott zu finden (EB 167). „Durch des Gurus Gnade lösen sich die Knoten des Nichtwissens in einem Augenblick“ (EB 178).

3. Ramakrishnas Gleichnissprache

Der Guru steht im Gegensatz zum abendländischen Dozenten. Sein Stand ist nahe beim Künstler, denn auch er ist ein Mann der Intuition, der inneren Erleuchtung. Das zeigt sich auch in der Sprache: er bedient sich weithin der Bildrede, des Gleichnisses. In der Art, wie er die Dinge schaut und auslegt, zeigt sich zugleich, wie sehr er ein ursprünglicher und eigenständiger Denker ist. Das gilt von jedem Guru, besonders aber von Ramakrishna. Im folgenden geben wir einige seiner Parabeln wieder:

(1) Ramakrishna knüpft an die Tradition und Auffassung des Vulgärhinduismus an, indem er sagt: „Ein Bad im heiligen Wasser des Ganges wäscht alle Sünden fort.“ Nun kommt aber seine überraschende Gegenwendung, indem er mit der Frage fortfährt, was solches Bad nütze. Er antwortet mit einer Vertiefung der überlieferten Religion: „Man sagt, die Sünden setzen sich in die Bäume, die am Gangesufer stehen, und kaum entsteigt der Badende dem Wasser, schon springen sie ihm auf den Rücken.“ Es wird berichtet, die Hörer hätten diese kleine Geschichte mit Lachen entgegengenommen. Was folgert Ramakrishna daraus? Er schließt die Belehrung: „Deshalb sage ich, man soll den Namen Gottes besingen, aber gleichzeitig zu Ihm um Liebe beten“ (EB 151).

(2) Um klar zu machen, ekstatische Erlebnisse seien nicht für jedermann, vielmehr sei für ihr Bestehen gute Gesundheit nötig, zieht Ramakrishna diesen Vergleich: „Dringt ein Elefant in eine Hütte, so kehrt er alles von oben nach unten und reißt sie schließlich völlig nieder.“ Damit will er sagen: „So wirkt die ek-

statische Gottesliebe auf das zerbrechliche Gehäuse, den menschlichen Körper. Von solcher Liebe wird er aufs tiefste erschüttert und vor der Zeit zu Grunde gerichtet.“ (EB 184)

(3) Auch die Hörer und Schüler Ramakrishnas wurden auf diesen Weg des parabolischen Denkens geführt. So erzählte einer auf des Meisters Geheiß einmal diese Geschichte:

„In einem Boot, das den Ganges hinauffuhr, befanden sich mehrere Passagiere, darunter ein Gelehrter, der mit seiner Gelehrsamkeit prahlte. Er erzählte, er habe die Veden studiert, Vedanta und alle sechs philosophischen Systeme. Dann fragte er seinen Nachbarn: ‚Kennt Ihr die Vedanta-Philosophie?‘ ‚Nein, verehrter Herr‘, antwortete der andere. – ‚Aber doch sicherlich Samkhya oder Patanjali?‘ ‚Nein, verehrter Herr‘, erwiderte der andere. – ‚Ja, habt Ihr überhaupt keine Philosophie studiert?‘ ‚Nein, verehrter Herr‘, erwiderte der andere. – So prahlte der Gelehrte weiter, und sein Nachbar hörte schweigend zu, als plötzlich ein furchtbarer Sturm losbrach, der das Boot in Gefahr brachte. Da fragte der Passagier: ‚Könnt Ihr schwimmen, verehrter Herr?‘ ‚Nein‘, erwiderte der Gelehrte. Und der Passagier: ‚Ich kenne weder Samkhya noch Patanjalis Philosophie, aber schwimmen kann ich.‘ “

Darauf bemerkte Ramakrishna lächelnd: „Was nützt es, alle heiligen Schriften zu kennen? Nichts anderes ist notwendig als zu wissen, wie man den Strom des Lebens durchschwimmt.“ (EB 194)

(4) Eine andere Geschichte zeigt, wie Ramakrishna gar nicht passivisch dahinlebt, weil doch alles Ausdruck des Göttlichen sei, sondern seinen Witz anstrengt, um kluge Entscheidungen zu treffen, ohne dabei die vedantische Grundanschauung zu verletzen. Man muß zudem auch noch wissen, daß er einen ausgesprochenen Sinn für Humor besaß. Ein Guru ohne Humor ist nicht denkbar, wäre überhaupt kein Guru.

Der Elefant.

In einem Walde lebte ein heiliger Mann mit einer großen Anzahl von Schülern. Eines Tages belehrte er sie folgendermaßen:

„Gott ist in allen Dingen. Darum müssen wir vor jedem Gegenstande dieser Welt das Haupt verehrend neigen." Nun geschah es, daß einer seiner Schüler für das Brandopfer Holz sammeln ging. Plötzlich hörte er ein Geschrei: „Ausweichen! Ausweichen! Ein wütender Elefant kommt!" Sogleich flohen alle. Er aber nicht. Er bedachte folgendes: „Der Elefant ist Gott in einer bestimmten Form; warum sollte ich vor ihm davonlaufen?" So blieb er also stehen, wo er war, begrüßte den Elefanten als Gott den Herrn und begann ihm lobzusingen. Der Elefantenführer schrie sich die Lunge aus: „Lauf' doch fort! Rette dich! ..." Aber der Schüler wollte keinen Schritt von hinnen weichen. Der Elefant packte ihn mit seinem Rüssel und schleuderte ihn weit weg. Halb ohnmächtig, zerschunden, blutend, blieb der arme Bursche liegen. ...

Sein Meister hörte es. Mit anderen lief er herbei. Sie trugen ihn ins Haus, labten ihn. Als er wieder zu sich kam, fragten sie ihn: „Warum bist du nicht ausgewichen, als du den Elefantenführer rufen hörtest?" Der junge Mann erwiderte: „Unser Meister hat uns gelehrt, daß sich in jedem Lebewesen Gott offenbart. So versank ich in Betrachtung des Gottes Elefant und wollte nicht den Platz verlassen." Da sagte ihm sein Guru: „Mein Sohn, wohl ist es wahr, daß dort der Gott Elefant herankam. Aber hatte nicht der Gott Elefantenführer dir zugerufen, dich in Sicherheit zu bringen? Es ist ganz richtig, Gott offenbart sich in jeglichem Dinge. Aber wenn er sich im Elefanten offenbart, tut er das nicht ebenso oder noch mehr im Elefantenführer? So sag mir doch, warum hast du nicht auf des Elefantenführers Warnung gehört? ..." (R 180f.).

(5) Wahre Menschenliebe und zugleich einen klaren Blick für die Wirklichkeit des Lebens verrät diese Geschichte[31]:

Narada denkt, er sei der Frömmste der Menschen. Gott der Herr weist ihn zu einem Bauern, der frömmer ist als er. Er geht hin. Dieser Bauer ruft beim Aufstehen und beim Niederlegen den Namen der Gottheit Hari an, die übrige Zeit arbeitet er auf seinen Feldern. Narada versteht das nicht. Da befiehlt ihm der Herr, eine bis zum Rande mit Öl gefüllte Schale zu nehmen und sie um die ganze Stadt zu tragen, ohne ein Tröpfchen zu verschütten. Narada gehorcht. Wie er wiederkehrt, ohne einen Tropfen vergossen zu haben, fragte ihn der Herr: „Wie oft hast du an mich denken können?" – „Herr, wie hätte ich an dich denken können? Mein ganzer Geist war auf die Ölschale gesammelt." Da machte der Herr Narada klar, wie groß die Frömmigkeit jenes Bauern ist, der trotz seiner schweren Arbeit nie vergißt, Gottes Namen anzurufen.

(6) Nicht nur Gleichniserzählung, auch Gleichnishandlung wird von Ramakrishna berichtet. Hören wir ihn selber sprechen:

„Tief verwirrte mich die Frage des Geldes. Unsere Religion lehrt, daß Gold und Staub eines seien. Da ich meine Religion ernst nahm, hielt ich monatelang jeden Morgen eine Münze und ein Stückchen Lehm in der Hand und meditierte: Gold ist Lehm; Lehm ist Gold. Doch keine geistige Erfahrung wurde mir zuteil. Nichts bewies die Wahrheit dieser Worte. Ich weiß nicht mehr, wie viele Monate vergangen waren, bis ich eines Morgens in aller Frühe am Ufer des Flusses saß und die Mutter um Erleuchtung bat. Da schien mir plötzlich die ganze Welt in einen strahlenden Mantel von Gold gehüllt. Dann verwandelte sich das Leuchten in einen noch tieferen Glanz – die Farbe des braunen Lehms, weit herrlicher als Gold. In dieser Schau in den Tiefen meiner Seele hörte ich, wie das Trampeln von zehntausend Elefanten: Lehm und Gold sind eins für mich. Meine Gebete waren erfüllt, und ich warf beides, Gold und Lehm, in den Ganges." (M 27)

Vergessen wir aber nicht: ehe er diese Erfahrung machen konnte, hatte er monatelang seine Übung abgehalten. Ohne Üben versteht keiner die Geschichte in ihrer wesenhaften Aussage!

Ramakrishna wollte keine neue Lehre aufstellen und verbreiten. Er wollte vielmehr, was bisher nur geredet und gelehrt worden war, leben und andere erfahren lassen. Er ist der Guru, der den Weg eigener Erfahrung weist. Deshalb ist das Wort bei ihm nicht das Letzte, das Höchste. Es weist nur den Weg.

Mukerji bezeugte: *Jeder Einzelne fühlte, daß alles, was er sprach, nichts war gegen das, was er verschwieg* (M 46).

III

Vivekananda

Vivekananda, einer der beiden Meisterschüler Ramakrishnas und der Begründer des Ramakrishna-Ordens, war selbst kein Guru; aber er hatte die entscheidenden Erfahrungen seines Lebens durch einen Guru gewonnen, durch Ramakrishna, und wußte aus eigenem Erleben, was ein Guru vermag. Aus solcher Erfahrung heraus hat er gewirkt und somit anderen die Möglichkeiten, als Guru zu dienen, erschlossen.

Wir folgen in unserer Darstellung weithin dem berühmten Buch von *Romain Rolland*[32] und ziehen nur später Mukerjis bereits genannte Darstellung heran (zu den Seitenzahlen der angeführten Worte wird R oder M hinzugesetzt).

1. Sein Leben

Vivekanandas Leben erstreckte sich über die kurze Zeitspanne der Jahre 1862 bis 1902. Sein ursprünglicher Name lautete *Narendranath Datta.*

Von Gestalt war er athletisch gebaut. Ihm eignete eine solche Kraft des Blickes, daß viele Menschen von ihm einfach überwältigt wurden. Der alten Kriegerkaste entstammend, war er ein Mann ungeheuren Willens. So wird behauptet, er habe Ramakrishna um die Einweihung erst bitten wollen, nachdem er gewiß geworden sei, daß er seinen Stolz überwunden habe. Um das zu erreichen, habe er das Kleid eines Bettlers angelegt und sei in Elendsvierteln betteln gegangen; er habe sich nur von dem genährt, was ihm milde Hände in den Eßnapf schütteten.

Ramakrishna hatte wiederholt Gesichte, die sich mit Naren,

dem späteren Vivekananda, befaßten. Innerlich beschäftigte er sich viel mit dessen Art und Zukunft, denn Naren trug, wie wir noch hören werden, Zwiespältiges in sich. Dieses innere Ringen, mit sich selbst ins reine zu kommen, mag ihn auch daran gehindert haben, sich zur Abgeklärtheit des wahren Guru zu erheben. Er war und blieb ein Bahnbrecher und Kämpfer. So hatte Ramakrishna einmal eine Schau, und die spätere Geschichte hat ihm recht gegeben: „Eines Tages, sobald Naren mit den Leidenden, mit den Elenden in Berührung kommen wird, wird der Stolz seines Charakters zu einer besonderen Art grenzenlosen Mitleidens umgeschmolzen werden.“ (R 10)

Später, als er auf der Höhe seines Ruhmes stand, rief er selber aus: „O Mutter, was soll mir die Berühmtheit, wenn mein Volk im Elende verkommt!“ (R 37) Er wurde so sehr zu den Armen hingezogen, wurde mit ganzer Seele Sozialreformer, daß er ausrufen konnte: „Jene Armen seien euer Gott! ... Nur den allein nenne ich Mahatma, dessen Herz für die Armen blutet ... Aber solange Millionen in Hunger und Unwissenheit leben, gilt jeder Mensch als Verräter, der, auf ihre Kosten ausgebildet, sich nicht um sie kümmert!“ (R 58)

Nach Ramakrishnas Tode verdankte die Schar seiner Schüler es Vivekananda, daß sie in der Gestalt eines Ordens zusammengehalten und weitergeführt wurden. Vivekananda gründete den Ramakrishna-Orden. Er war der Stratege, der Pionier, der Kämpfer, der diese Idee gegen manchen Widerstand innerhalb der Schülerschaft selbst durchsetzte; der dann aber auch die äußeren Voraussetzungen für solch eine Gemeinschaft schuf. Er spürte seine Kräfte und setzte sie ein, setzte sie so sehr ein, daß er mit vierzig Jahren erschöpft war und starb. Seine Lebenskraft brach sich in Benares einmal in diesen Worten Bahn: „Ich ziehe fort; und ich werde nicht wiederkommen, ehe ich in die Gesellschaft nicht wie eine Granate eingeschlagen habe, daß sie mir folgt wie ein Hündlein“ (R 17). Mit solcher Vitalkraft mußte er ringen, und er tat es, bis er sich demütig niederbeugen konnte zum Ärmsten der Armen.

1891 ging er allein auf Wanderfahrt durch Indien, namenlos, den Bettelnapf in der Hand – es war wohl die große Wanderung, auf der er sich selber finden mußte. 1893 zog es ihn mehr als Träumend-Ahnenden denn als Wissenden nach Nordamerika. Er hatte von einem „Parlament der Religionen" gehört, das in Chicago abgehalten werden sollte. Ohne öffentlichen Auftrag, ganz allein, sozusagen als Privatmann, und dennoch von seinem Genius getrieben, zog er nach Chicago. Sein Auftreten auf dieser Weltkonferenz wurde zur Sensation, Vivekananda wurde der Mittelpunkt der Tagung. Während alle anderen Redner nur vortrugen, was bereits bekannt war, meist auch noch ihre Worte ablasen, sprühte aus ihm ein Vulkan der geistigen Leidenschaft. Er überwältigte dadurch, daß er als Überwältigter sprach. So ergab sich eine triumphale Rundreise, auf der er viele Freundschaften schloß und Anhänger gewann. Es sind ihm später unterstützende Freunde gerade aus den USA zugewachsen, und noch heute übt der Ramakrishna-Orden mit seiner Vedanta-Philosophie einen Einfluß in den USA aus, vor allem im Westen der Staaten.

Auf der Tagung in Chicago hatte er scharfe Worte gegen ein veräußerlichtes Christentum gefunden: „Laßt doch euer Prahlen! Was hat denn das Christentum je in der Welt Großes verrichtet, ohne das Schwert zu Hilfe zu nehmen? ... Eure Religion wird im Namen des Luxus gepredigt. In allem, was ich hier habe predigen hören, steckt Heuchelei ... Diese ganze Anhäufung von Reichtum, die sich auf Christus beruft! Christus würde bei euch nicht den Stein finden, sein Haupt niederzulegen ... Ihr seid keine Christen ... Kehrt zu Christus zurück!" (R 38)

Wir hören diese Worte heute, da die Vorherrschaft des weißen Mannes zu Ende gegangen ist, mit besonderer Aufmerksamkeit. Damals war es wohl zum ersten Mal, daß ein Vertreter Asiens zu abendländischen Hörern in dieser Tonart sprach. Vivekananda hatte eine doppelte Schau: das reiche Abendland sollte für das arme und leidende Indien materielle Hilfe geben, und Indien sollte dem Abendland aus seinen geistigen Schätzen mitteilen. Jenes ist nicht erfüllt worden, zu seinem großen Kummer. Dieses aber, Indiens Mitteilen aus seinen Schätzen, hat mit ihm selbst begonnen.

Vivekananda wuchs über den Horizont Indiens hinaus. „Ich

gehöre der Welt nicht minder an als Indien" (R 39). So gewann er auch in der Frage der Wahrheit eine Schau, welche die Grenzen der einzelnen Religion zu übersteigen scheint. In Wirklichkeit machte er aber nur von einer Grundhaltung des Hinduismus selber Gebrauch, nämlich alles Seiende nur als Verlarvungen der einen Gottheit, des Reinen Seins selber aufzufassen. Das ist *Vedanta:* nichts ist wirklich und wahr, als das eine reine, nicht mehr unterscheidbare Es, vor dem es nur ein Verstummen gibt. So kann Vivekananda ausrufen: „Möge der euch seinen Geist einhauchen, der da ist der Brahman der Hindus, der Ahura Mazda des Zoroaster, der Buddha der Buddhisten, der Jehova der Juden, der Himmlische Vater der Christen! ... Der Christ hat nicht Hinduist oder Buddhist zu werden. Noch der Hinduist, noch der Buddhist zum Christen." (R 35)

Vivekananda kann sich sogar zu Aussprüchen hinreißen lassen wie den folgenden: „Ein einziger Gott soll wachsen, unser eigener Stamm!" (R 92) „Dies sind eure Götter: die Menschen, die Lebenden! Und die ersten Götter, die, welche wir anzubeten haben, sind unsere Volksgenossen!" (R 92)

Daß solche Aussagen überhaupt möglich waren, zeigt, daß Vivekananda kein eigentlich religiöser Mensch ist. Er ist Sozialreformer, ist praktischer Kämpfer, der auch seine philosophische Denkarbeit, der auch seine Beredsamkeit in den Dienst der Sache stellt. Als Inder verfügt er natürlich auch über Religion, selbst wenn er es nicht für wahr haben wollte.

Einen Mann mit solcher Zukunft hatte Ramakrishna angenommen! Er hatte ihn innerlich angenommen, noch ehe Naren sich zu Ramakrishna hingezogen fühlte. Die erste Antwort des jungen Naren auf das innere Entgegenkommen Ramakrishnas war ein deutliches Nein. Es war wohl der Stolz des Kshatrya, der sich hier empörte, wohl auch die Ahnung, daß es auf dem Wege dieses Meisters mit dem eigenen Wollen zu Ende sei. Mukerji berichtet, was einer der wenigen Augenzeugen der ersten Begegnung zwischen Ramakrishna und Naren überliefert hat. Naren war mit Keshub Chandra Sen zu Ramakrishna gegangen. Der Augenzeuge, *Bhupendranath Basu*, überliefert Ramakrishnas Satz, den dieser beim Abschied gesprochen habe: „Keshub, wenn du auch viele Vorlesungen hältst, so wird doch dein Ruhm nicht weit reichen. Dieser Knabe aber, dabei deutete er auf Vivekananda, wird auch jenseits der Meere berühmt werden. Alle lachten über Ramakrishnas Bemerkung." (M 83) Vivekananda freute sich über diese Voraussage keineswegs, sondern verstand sie als Beleidigung. Doch trotz diesem Widerspruch fühlte er sich immer mehr zu Ramakrishna hingezogen. So kam er wieder zu ihm, und da geschah es, während sie einander gegenüber saßen:

„Plötzlich hob Ramakrishna, ohne den geringsten Laut und ohne ein Wort, sein rechtes Bein und berührte mit seinem Fuß Vivekanandas Körper." Mukerji fährt fort, Vivekanandas eigenes Zeugnis darbietend: „In diesem Augenblick dehnten sich vor meinen weitoffenen Augen die Wände des Zimmers und stürzten zusammen ... Alles um mich herum wurde zum Nichts, zum leeren Nichts! ..." (M 84f.) Vivekananda spürte die Nähe, die Wirklichkeit des Todes. Doch er schrie nach Leben. Damit war Vivekananda für Ramakrishna gewonnen, mehr noch, war ihm der Weg in eine neue Welt, in die Welt des Inneren, des Geistes aufgetan worden.

Beim dritten Besuch berührte Ramakrishna Vivekananda erneut. Doch Vivekananda hat sein inneres Erleben der Öffentlichkeit nicht preisgegeben (M 86). Dies wiederum ist ein Zeichen des echten Lebens im Geist. Was wir von diesen persönlichen Dingen wissen, ist durch andere auf uns gekommen, die dabei waren und zufällig etwas erhascht haben. Dabei muß natürlich die Frage offen bleiben, wieweit sie – unbewußt – den Sachverhalt gefärbt haben.

Nachdem wir in Kürze Gestalt und Leben Vivekanandas kennengelernt haben, fragen wir, was er aus seinem Erleben heraus über die Gestalt des Guru zu sagen weiß, er, der selber kein Guru war, der aber das Entscheidende seines Lebens seinem Guru Ramakrishna verdankt. Wir erheben seine Aussagen aus seinen „Sämtlichen Werken" [33].

2. *Vivekananda über den Guru*

Vivekananda, der zugleich ein Mann von gelehrtem Wissen war, unterschied sehr deutlich zwischen dem bloßen Wissen des Dozenten, in Indien Pandit genannt, und dem wesenhaften Sein des Guru. Im Anschluß an alte Sanskrit-Worte sagt er: „Ein Esel, der eine Last Sandelholz trägt, kennt nur das Gewicht des Holzes, nicht aber seine kostbare Eigenschaft; so sind diese Pandits, die wir nicht brauchen. Was können sie lehren, wenn sie nicht verwirklicht haben?" (III 345) Für das geistige Leben brauchen wir Anstöße von außen, von einem anderen kommend; Bücher oder Buchgelehrte können sie nicht vermitteln. „Die Seele, von der solch innerer Anstoß ausgeht, heißt GURU, Lehrer, und die Seele, die den Anstoß erfährt, heißt Schüler." (IV 20)

Dem Menschen wird entscheidende innere Hilfe nur durch den Menschen zuteil. Aus dieser uralten Einsicht leitet Vivekananda die Notwendigkeit des Guru ab. Der Guru öffnet dem Suchenden die inneren Augen, er ist der *eye-opener* (III 52). Ein wahrer Guru ist er, „der euch jenseits dieser Maya-Welt der nicht endenden Folge von Geburt und Tod hinausführt" (VI 426). Der Guru teilt seinem Schüler *spirituality* mit (III 390), Geistigkeit, die aber nicht mit Verstand oder Vernunft verwechselt werden darf. Gemeint ist mit Geist die letzte Wirklichkeit hinter der sichtbaren, richtiger: hinter der unterscheidbaren Welt.

„Der Guru ist das Fahrzeug, in dem der Geisteseinfluß zu euch gebracht wird" ... „Der Guru vermittelt die Gedankenkraft, den Mantra, die er von denen empfangen hat, die vor ihm waren; und nichts kann getan werden ohne einen Guru" (VII 61). Ein andermal sagt Vivekananda: „Initiation durch einen Guru ist notwendig", und beantwortet die Frage nach dem Warum: dadurch werden wir in Verbindung gebracht „mit jener großen Kraftquelle, die durch Geschlechter von einem Guru auf den anderen übertragen worden ist, in ununterbrochener Folge" ... Der Guru ist anzunehmen als „Ratgeber, Philosoph, Freund und Führer" ... Er ist „das sine qua non des Fortschritts auf dem Pfad der Spiritualität." (III 452)

Schließlich bezeugt Vivekananda vom Guru, er sei *God manifested,* Gott in sichtbarer Gestalt (III 53; IV 26).

Von solch einem Menschen werden besondere Qualitäten erwartet. Nur wer sie erwirbt, kann den Dienst eines Guru leisten. Zum Guru macht man sich nicht, das kann man nicht erlernen, dazu wird man durch die Wirklichkeit ernannt: Schüler kommen und empfangen, was ein Guru geben kann. Vivekananda hat dieses Ziel nicht erreicht, hat wohl auch selber kein Guru werden wollen. Aber er hat genau gewußt, wie ein Guru beschaffen sein muß. Daher seine strengen Aussagen:

Ein Guru muß zum ersten die Kraft der Geist-Übertragung haben (III 46) und den Geist der überlieferten hl. Schriften in sich tragen (III 49). Und nun kommt etwas Merkwürdiges, was nicht im christlichen Sinn verstanden werden darf. Man muß bedenken, daß christliche Sündenerkenntnis im Hinduismus fehlt. Die zweite Forderung lautet: der Guru müsse sündlos sein. Was damit gemeint sein mag, nämlich der Einklang von Wort und Sein, wird deutlicher, wenn wir Vivekananda in diesem Zusammenhang sagen hören: „Beim religiösen Lehrer müssen wir zuerst auf das blicken, was er ist, und danach erst auf das, was er sagt" (III 50). Das heißt: Wort und Tat, alles Sichtbare überhaupt entsteigt dem Sein des Menschen, und auf dieses komme es an. Zum dritten verlangt Vivekananda, und hier erweist er sich als Sozialreformer, als der Mann, der dem Evangelium Jesu begegnet und von ihm nicht mehr losgekommen ist: der Guru müsse seinen Dienst tun „rein aus Liebe" (III 51).

Dieser Dienst aus Liebe zeige sich vor allem darin, daß der Guru nicht von oben herab lehre – etwa wie der Dozent abendländischer Wissenschaft –, sondern er müsse sich zum Schüler herabbeugen, neben ihn treten und so sprechen, daß er es verstehen könne; er dürfe ihm nur sagen, was er verstehe, und ihn so Schritt für Schritt weiterführen (IV 179).

In der Beziehung des Schülers zu seinem Guru geht es um *spiritual union* (III 452). Wenn diese hergestellt ist, dann kommt *realization of God* und *God-vision* (III 453).

Einmal aber spricht Vivekananda – den sichtbaren Guru in Menschengestalt übersteigend, angesichts der großen Gefahr, daß der Schüler sich an den Guru hänge und nicht selbständig werde – einmal spricht er auch davon, daß der Weg über den sichtbaren Guru hinaus führen müsse zum *internal Guru*, dem Guru in uns (VII 83): Damit ist das letzte gesagt, was über den Guru zu sagen wäre: er macht sich überflüssig, denn der Schüler hat den Zugang zur Weisheit gefunden und vermag selber den Weg zu gehen.

IV

Brahmananda[34]

Die Entscheidungen über eine Ordensgemeinschaft fallen durch ihren Gründer sowie seinen Nachfolger in der Leitung. Diese beiden ersten Männer bestimmen den Weg der Gemeinschaft auf lange Zeit.

Ramakrishna hatte zwei Lieblingsschüler: den kämpferischen Intellektuellen und großen Organisator Vivekananda, der uns im vorangegangenen Kapitel begegnet ist, und den stillen, innerlichen Brahmananda, der so sehr Ramakrishna ähnlich war, daß Ramakrishnananda, der Gründer und Oberste des Ramakrishna-Klosters in Madras, einmal, als er Novizen mit ihm bekannt machte, von ihm – den sie *Maharaj* (Maharadsch) nannten – sagen konnte: „Keiner von euch hat je Ramakrishna gesehen; aber jetzt seht ihr Maharaj, und das ist genau dasselbe." (2f.)

Wer war dieser Brahmananda?

1. Sein Leben

Rakhal, wie seine Mutter ihn nannte, wurde 1863 in einem Dorf nahe bei Kalkutta geboren. Seine Eltern hießen Ananda Mohan Ghosh und Kailas Kamini. Dem Vater half er später gern bei der Gartenarbeit. In der Mutter, die er aber schon mit fünf Jahren durch den Tod verlor, besaß er ein Vorbild lebendiger Frömmigkeit. Auf der Höheren Schule in Kalkutta lernte er den gleichaltrigen Naren (den späteren Vivekananda) als Führer des Turnvereins dieser Schule kennen und schloß sich ihm an.

In jenen Jahren wirkte auf die Jugend Bengalens *Keshub*

Chandra Sen tief ein: er kannte die Geistigkeit des Ostens sowie das Denken des Westens und verkündigte die Vaterschaft Gottes und die Bruderschaft aller Menschen. Er gründete den Brahmo Samaj, lehrte eine theistische Gottesauffassung und lehnte die Vielgötterei ab. Rakhal wurde so stark von dieser religiösen Bewegung ergriffen, daß seine Leistungen in der Schule zurückgingen. Der Vater mißverstand die Unruhe des Sohnes und meinte, eine frühe Heirat werde ihm zu einem gesunden Leben auf der Erde verhelfen.

Nun hatte Keshub Chandra Sen als erster begonnen, auf Ramakrishna hinzuweisen. Bruder und Mutter von Rakhals junger Frau fühlten sich zu Ramakrishna hingezogen, und so kam es, daß Rakhal durch seine Heirat, die ihn an die Welt binden sollte, den Weg zu Ramakrishna fand.

Kurz bevor Rakhal zu seinem künftigen Meister kam, hatte dieser Gesichte, in denen die Göttin Kali ihm einen geistigen Sohn schenkte. Als Rakhal vor ihm stand, wußte er: dies ist der Knabe, den die Gottheit mir gezeigt hat. Er gewann Rakhal lieb und lud ihn ein, ihn häufig zu besuchen. Als Rakhal wiederkam, sprach Ramakrishna zu ihm: „Warum kamst du nicht früher? Ich habe auf dich gewartet." Rakhal wußte nicht recht, was er antworten sollte; er blickte den Meister nur an, fühlte aber die gleiche ekstatische Freude wie er. „Ihm war", so wird berichtet, „als sei er ein kleines Kind, das Gott, dem Vater, zu Füßen sitzt. Von diesem Tage an sah Rakhal in Sri Ramakrishna Vater, Mutter und Gott. Sri Ramakrishna sah in Rakhal das göttliche Kind." (19)

Immer häufiger kam er zu Ramakrishna, immer länger blieb er bei ihm im Tempel zu Dakshineswar. „Solange er dort weilte", so wird berichtet, „vergaß er die Außenwelt und versenkte sich in Gott und seine Gegenwart. Er fühlte sich als ‚der ewige Gefährte' seines göttlichen Meisters." (19)

In welcher vertrauten und zugleich geistigen Sphäre sich der Umgang der beiden abspielte, beleuchtet eine andere Geschichte, die aus jener Zeit überliefert ist:

„Eines Tages, während Rakhal die Füße Sri Ramakrishnas mit Öl massierte, bat er den Meister, ihm die Fähigkeit zu verleihen,

Visionen zu schauen. Sri Ramakrishna schien nicht zuzuhören und verharrte in Schweigen. Als Rakhal seine Bitte wiederholte, wurde der Meister plötzlich schroff. Rakhal, verletzt und zornig, zerbrach die Ölflasche auf dem Fußboden und verließ das Zimmer. Doch als er das Tempeltor erreicht hatte, waren seine Füße plötzlich wie gelähmt. Er konnte keinen Schritt weiter gehen. Hilflos ließ er sich am Wegrand nieder und wußte nicht, was beginnen. Inzwischen hatte Sri Ramakrishna seinen Neffen Ramlal gesandt, um Rakhal zu suchen und seinen Zorn zu stillen. Rakhal kehrte mit Ramlal langsam zum Meister zurück. Der sah ihn lächelnd an und sagte: ‚Siehst du, du konntest nicht über den Kreis hinausgehen, den ich um dich gezogen hatte‘. Rakhal war beschämt und schwieg." (22f.)

Mit seiner jungen Frau war Rakhal übereingekommen, ihre Ehe als nicht verbindlich anzusehen. Er trennte sich von ihr und ging nach Dakshineswar. Dort trat er in die Übungen ein, die ihn innerlich weiterbringen sollten: Meditation und Japam (Anrufen heiliger Namen), verbunden mit Askese, mit Entsagung.

Es wird berichtet, einmal habe Rakhal vergebens versucht, die zur Meditation nötige Ruhe zu gewinnen; er hatte ein Gefühl der Trockenheit im Herzen und konnte seiner Ruhelosigkeit nicht Herr werden. Ramakrishna hatte das bemerkt, hieß Rakhal die Zunge herausstrecken und zeichnete mit dem Finger einige Linien darauf. Und es wird berichtet, von diesem Augenblick an sei Rakhal für alle Zeiten von jeder Ablenkung befreit gewesen.

Ramakrishna hatte von Rakhal eine hohe Meinung. Das war nicht subjektive Einbildung, sondern der wahre Guru blickt dem anderen, wo es not tut, bis tief ins Herz. So hatte Ramakrishna Rakhal wesenhaft erkannt. Von ihm und Naren, dem späteren Vivekananda, sagte er einmal, sie beide gehörten „zur Klasse der ‚Ewig-Vollkommenen‘", und erläuterte es dahin: „Sie sind mit Gottes-Erkenntnis geboren. Wenn sie aufwachen, erkennen sie die Leere aller irdischen Freuden." (31)

Rakhal verlangte auch danach, anderen Menschen ins Herz zu blicken. Er gewann diese Fähigkeit auf okkulte Weise, doch Ramakrishna tadelte ihn deswegen, und Rakhal nahm diesen Tadel an. Es wird berichtet, als in späteren Jahren jemand behauptete, einer, der keine solchen okkulten Wunderkräfte besitze, sei kein Heiliger, da habe Brahmananda nur erwidert: „Es ist leicht, solche Kräfte zu erwerben, aber schwer, Reinheit des Herzens zu erlangen. Damit wollte er sagen, es sei leicht, in okkulten Dingen merkwürdige Fähigkeiten zu erwerben, aber darauf komme es nicht an. Was wichtig sei und entscheide, wenn einer die Wahrheit erkennen wolle, das sei die Reinheit des Herzens.

Als Ramakrishna seinen Schüler Naren für dessen weltweite Sendung vorbereitete, sagte er einmal, auf Rakhal deutend: „Rakhal hat die scharfe Intelligenz eines Königs. Wenn er wollte, könnte er ein großes Königreich regieren." (36) Dieses Wort teilte Naren den anderen Schülern Ramakrishnas mit und fügte hinzu: „Von heute an werden wir Rakhal unseren König nennen." Die anderen stimmten zu und gaben ihm den Namen *Raja* (Radscha, d.h. König), später *Maharaj* (Maharadsch, d.h. Großkönig).

Als nach Ramakrishnas Tode der Ramakrishna-Orden gegründet worden war, machte sich Maharaj auf, um eine längere Zeit als Wandermönch Indien zu durchstreifen. Doch Vivekananda, der die Leitung des Ordens in der Hand hatte, gestattete es nur, wenn er einen Ordensbruder namens Subhodhananda mitnähme. Maharaj (Brahmananda) stimmte zu, und so zogen sie zu zweit davon. Sie blieben einen ganzen Monat in Benares und wanderten dann weiter zum Tempel Omkarnath am Flusse Narmada. Inmitten dieser zauberhaften Landschaft, so wird berichtet, „verbrachte er sechs Tage und sechs Nächte ununterbrochen in *Nirvikalpa-Samadhi*" – das heißt: „Die Außenwelt war für ihn versunken. Als er endlich zum normalen Bewußtsein zurückkehrte, leuchtete sein Antlitz von himmlischer Wonne. Er hatte Gott in seinem unpersönlichen, absoluten Aspekt erkannt und die Einheit seiner Seele mit Gott erfahren." (43)

Auf seinen Wanderungen zog er als armer Bettler durchs Land. Wurde ihm Hilfe in Gestalt von Geld angeboten, so lehnte er sie ab. Nicht einmal Empfehlungsbriefe, die ihm ein reicher

Kaufmann geben wollte, nahm er an. „Ich brauche garnichts", sagte er. „Gott ist meine einzige Zuflucht, Er wird für uns sorgen" (45). Sein Sinn war so sehr auf die jenseitige Welt gerichtet, er verstand Gott so sehr als von der Welt geschieden, daß er in einem Brief an Balaram aus Brindaban schreiben konnte: „Ich bete zum Herrn, er möge mich vom Bewußtsein der physischen Welt befreien" (47). Es wird berichtet, hier in Brindaban habe er sich in einem Zustand fortgesetzter Ekstase befunden. Er verlor das Bewußtsein der Welt fast vollständig, doch Subhodananda sorgte liebevoll für ihn. Diese Gabe der Ekstase ist mit ihm gegangen. Turiyananda erzählte: wo immer Maharaj vor einen Schrein trat, welcher der Gottheit des Tempels geweiht war, da sei er von ekstatischer Hingabe erfüllt gewesen. „Seine Ekstase pflegte mit einer unmittelbaren Vision der Gottheit dieses Tempels zu enden" (52).

Durch anstrengende Übungen während dieser Pilgerjahre hatte Maharaj, wie bezeugt wird, sein Ziel erreicht – „der Zustand der Gotteseinung war ihm zum Besitz geworden" (57). So fühlte er sich jetzt endlich fähig, dem Ruf der weltlichen Pflichten zu folgen. Er kehrte nach Kalkutta zurück. Als Vivekananda, der damals seine große Reise durch Nordamerika ausführte, hörte, Maharaj sei wieder in Kalkutta, war er um die zukünftige Führung des Ordens nicht mehr besorgt: er wußte sie bei Maharaj in guten Händen.

Zwei Jahre nach Maharajs Rückkehr nach Kalkutta kam auch Vivekananda aus Amerika heim. Kalkutta bereitete ihm einen ehrenvollen Empfang, denn er hatte als erster die westliche Welt in unvergeßlicher Weise auf Indiens Geistigkeit hingewiesen. Vor allen anderen grüßte Maharaj seinen Ordensbruder, indem er ihm die bekannte Blumengirlande um den Hals legte. Vivekananda dagegen berührte Maharajs Füße und führte eine Stelle aus den hl. Hindu-Schriften an: „Der Sohn des Gurus ist ebenbürtig dem Guru selbst" (59).

Vivekananda und Maharaj ergänzten einander gut: Jener war wie flammendes Feuer, gleich einem tiefen unruhigen Ozean – dieser verbreitete ein kühlendes Licht, das wunde Herzen heilend umfloß. Noch kurz vor Vivekanandas Tod wurde Maharaj

– 1902 – zum Oberhaupt des Ordens gewählt und blieb es bis zu seinem Tode für mehr als zwanzig Jahre. In dieser Zeit erlebte der Orden ein großes Wachstum und wurde durch sein hilfreiches Handeln in allen Notfällen durch ganz Indien bekannt und geschätzt. Da tat ihm ein Mann an der Spitze gut, der beides miteinander verband: die mystische Hingabe an Gott und den Dienst am Menschenbruder. Sein Leitwort hieß, Gott im Menschen zu dienen. Somit ist Maharaj eine echte Guru-Gestalt zu nennen.

2. Brahmananda als Guru

Wie stellt sich Maharaj als Guru dem westlichen Betrachter dar? Was wird über ihn als Guru berichtet? Was sagt er selbst über die Eigenart des Guru?

(1) Der Guru ist ein Mensch, aber von höherer Qualität als andere: Er ist der göttlichen Wirklichkeit inne geworden, hat sie in sich und durch sich verwirklicht. Um dieses Ziel zu erreichen, hat er seine ganze Kraft eingesetzt – zugleich weiß er aber auch, wie er immer wieder selber sagt, daß seine Selbst-Vergöttlichung eine Gabe der göttlichen Gnade sei.

Ohne dabei an sich selber zu denken, ganz allgemein genommen, sagt Maharaj vom Guru: „Man sollte den Guru nicht als einen gewöhnlichen Menschen betrachten. Sein Körper ist der Tempel, in dem Gott wohnt.“ (147) Deutlicher auf die Göttlichkeit des Guru zielt der andere Ausspruch, durch den er den Schülern einen Rat gibt, wie sie dem Guru dienen können (denn Dienst am Guru sei ein notwendiges Mittel, um geistige Erkenntnis zu erlangen): „Meditiert über den Guru ... und verschmelzt die Gestalt des Guru mit der eures Erwählten Ideals“ – (unter dem „Erwählten Ideal“ ist die Sicht der Gottheit zu verstehen, die der Übende erwählt, um auf seinem geistigen Wege voranzukommen) – „Wahrlich, es ist kein Unterschied zwischen Guru und Gott“ (147). Und auf die Frage, wie der Schüler den Guru zu verehren habe, antwortet Maharaj ähnlich: „Meditiere über ihn zuerst im Herzen und halte den Gedanken fest, daß Guru und Gott ein und dasselbe sind" (223).

(2) Dem Guru sind Dinge möglich, die gewöhnlichen Hindus versagt bleiben: Er verfügt über eine geistige Kraft, die er seinen Schülern mitteilen kann. Solche Kraftmitteilung geschieht durch Handauflegen etwa bei der Zeremonie der Einweihung. So wird berichtet, während dieser Zeremonie sei Maharaj von ekstatischer Liebe erfüllt gewesen und habe „durch einen geistigen Strom auf seinen Schüler das außerordentliche Gefühl der göttlichen Gegenwart" übertragen (75).

Yatiswaranda, ein Mitglied des Ordens, beschrieb seine Einweihung folgendermaßen: „Am Tag, als Maharaj die Weihe an mir vollzog, spürte ich deutlich eine geistige Kraft von ihm ausströmen. Nach der Initiation verneigte ich mich vor ihm. Er erhob die Hand über meinem Kopf zum Segen und gab mir das lebhafte und unmittelbare Gefühl der Gegenwart Gottes in meinem Herzen. Ich erkannte: das ganze Weltall ist in meinem Herzen. An jenem Tag erhielt ich Einblick in die göttliche Natur und Macht des Guru. Ich fühlte mich buchstäblich in ein neues Leben emporgetragen. Die Kraft, die er damals auf mich übertrug, wirkt noch heute in mir." (78) Damit tat also Maharaj seinen Schülern etwas Ähnliches, wie Ramakrishna einst ihm selber getan.

(3) So verstehen wir, daß in Maharajs Gegenwart niemand Furcht verspüren konnte. Selbst wilde Tiere erkannten in ihm den vergöttlichten Menschen, so daß *Prabhavananda* berichten kann: Einmal kam ein wütender Stier gerade auf Maharaj herzugerannt. Als die Schüler ihn beschützen wollten, stieß er sie zurück und trat dem Stier allein entgegen. Und nun hören wir den Bericht wörtlich: „Als der Stier sich mit gesenktem Kopfe näherte, stand Maharaj ihm ruhig gegenüber. Der Stier hielt ein, hob den Kopf, schüttelte ihn von einer Seite zur andern und trottete ruhig davon." (90)

Einen ähnlichen Vorfall berichtet *Akhilananda* von einem Abendspaziergang, den er und ein anderer Schüler zusammen mit Maharaj unternommen hatten. Auf dem Heimweg wurde es dunkel. Plötzlich sahen sie einen Tiger auf sich zukommen. Maharaj blieb stehen, der Tiger stand ebenfalls still, den Blick auf die drei gerichtet; als er etwa fünfzig Schritte entfernt war, machte er kehrt und verschwand. Der Gedanke an Angst war bei keinem aufgekommen. So verstehen wir, daß zusammenfassend bezeugt werden kann: in Maharajs Gegenwart habe niemand Furcht spüren können.

(4) Wenn sogar wilde Tiere die Geistigkeit dieses Guru spüren, wieviel mehr müssen Menschen sein Wesen erkennen, vor allem jene Menschen, die ihm zugetan sind, seine Schüler! So hören wir wiederholt Zeugnisse wie diese: „Der Guru beseitigt alle Hindernisse und zeigt den Weg, der zum Ewigen führt" (188). Der Schüler lernt den Weg „durch die Gnade des Guru" kennen (188). „Ein erleuchteter Guru befreit den Schüler von seinem Ich und führt ihn den Weg der Erleuchtung" (189).

Auf die Frage des Schülers, ob man Gott auch ohne Hilfe eines Guru finden könne, antwortete Maharaj: „Es ist nicht leicht. Der Guru zeigt einem den Weg zu Gott durch ein Mantra. Er weiht den Schüler in das Geheimnis frommer Andachtsübungen ein. Er behütet seinen Schüler und schützt ihn vor Irrwegen. Aber der Guru muß ein Gottkenner sein." (215) So hilfreich ein erleuchteter Guru sei, so sehr müsse man sich vor einem unwissenden hüten! Diese Warnung Maharajs zeigt, daß es auch in diesem Lebensbereich trügerische Gestalten gibt.

Es scheint nicht ganz ausgeschlossen zu sein, daß einer die Gottheit im Sinn des Hinduismus auch ohne Guru finden könne, aber im allgemeinen ist der Guru unerläßlich. „Er hilft dem Schüler, das ihm und seinem Temperament entsprechende Ideal zu wählen, und gibt ihm alsdann das zur Konzentration notwendige Mantram" (138). „Alle Fragen über individuelle religiöse Übungen müssen mit dem Guru unter vier Augen besprochen werden" (189, vgl. auch 218).

Der Guru gewinnt so etwas wie eine Mittlerrolle: „Habt unerschütterlichen Glauben in die Worte des Guru ..." ... „der Guru sei eure Zuflucht!" ... „Selbst wenn ihr strauchelt, wird der

Guru, bei dem ihr Zuflucht gefunden habt, euch wieder aufhelfen." (248)

(5) Wer nun meinen wollte, im Vorangegangenen sei der Guru als Gott in Menschengestalt empfohlen oder der Übende sei an einen Menschen gebunden worden, der irrt. Diese Stufe der Bindung an einen sichtbaren Guru ist nur ein Durchgang. Das Ziel ist, auch vom Guru unabhängig zu werden. Der menschliche Guru soll dem Schüler dazu verhelfen, daß dieser den Guru im eigenen Herzen entdecke. So kann Maharaj einmal sagen: „Der größte Guru ist euer eigenes Herz. Ein durch Gebet und Andacht geläutertes Herz wird euch von innen her führen. Sogar bei der Verrichtung eurer täglichen Pflichten wird euch dieser innere Führer leiten und helfen, das Ziel zu erreichen." (130) Und ein andermal: „Der beste Guru ist ein reines Herz" (155).

3. Die Übungen

Mancher westliche Leser mag sich durch die bisher mitgeteilten Dinge versucht fühlen, sich in der Phantasie für solch eine indische Guru-Gestalt zu begeistern. Er muß nun ernüchtert werden, denn – der Weg zum Guru ist durch eine fast unmenschlich harte Ordnung von Übungen gezeichnet. Es ist, christlich-theologisch gesprochen, der Versuch, durch eigene Werke das zu erreichen, was nach dem Neuen Testament nur durch die Gnade des Erlösers gegeben werden kann. Gewiß, auch der Hindu spricht von „Gnade". Aber er meint mit diesem Wort etwas anderes. Bei ihm muß der „Gnade" die Bemühung des Menschen vorangehen. Wird das nur psychologisch verstanden, so ließe sich darüber reden. Ist es aber metaphysisch gemeint, so ist der Unterschied zum Neuen Testament deutlich.

Zuvor, als Voraussetzung für alle Übungen, gilt die Forderung: der Übende muß allem entsagen, was einen Menschen an die Welt binden kann, – allem! Nur wer das vermag, kann auf dem hier gewiesenen Wege vorankommen. Er muß also nicht nur Geld, Ehre und Macht verachten, er muß auch dem Geschlecht entsagen und jeglichen Freuden des Gaumens. Die sinnlichen Dinge dürfen nicht mehr in sein Bewußtsein eindringen – so sehr muß er weltfremd leben! Wer aber kann das bei uns? Wer aber dürfte das auch nur wollen angesichts der Erkenntnis, die Christus gebracht hat, daß wir nämlich unserem Nächsten zu dienen haben – daß wir nur so Gott, dem Unsichtbaren, dienen können, daß wir unserem Nächsten, den wir sehen, dienen? Bei uns Christen ist das Gewicht auf den Dienst am Nächsten geworfen – auf jenem Wege des Hinduismus jedoch auf den Dienst am Göttlichen, d.h. an der Selbst-Vergottung (obwohl der Ramakrishna-Orden, die christliche Mission nachahmend, auch viel Gutes an den leidenden Menschen Indiens tut).

Was lehrt der Guru seinen Schüler? Es sind drei geistige Übungen: Mantra – Japam – Meditation.

(1) Mantra[35]. „Empfängt ein Schüler die Weihe, so erhält er vom Guru ein besonderes Mantra für seinen Gebrauch in Gebet und Meditation“ (113). Dies ist also das erste: nur der Guru verleiht das Mantra. Es ist eine geheime Formel, die der Eingeweihte nicht ohne Not und Grund anderen preisgibt. Täglich, fast stündlich hat er sie auf den Lippen; wenn er nicht laut spricht, bewegt er sie im Herzen.

Was ist ein *Mantra?* Mit diesem Namen bezeichnet man einen heiligen Namen der Gottheit. Gott habe, so lehrt der Hinduismus aller Richtungen, viele Namen, und der Guru wählt aus der Vielzahl den Namen aus, von dem er weiß, er werde dem Schüler eine geistige Hilfe sein.

Die Gottheit habe, so lehrt der Hinduismus, viele Aspekte, und jeder Aspekt habe sein eigenes Lautsymbol, seinen eigenen Namen. Diese Lautsymbole seien von Sehern und Weisen in tiefster Meditation wahrgenommen worden. Die Hindus glauben, ein solches Lautsymbol – eben das Mantra –, vom Guru empfangen, „sei mit der lebendigen Kraft Gottes geladen“ (113).

Dieses Mantra hat zunächst die Aufgabe, als Mittel der Konzentration zu dienen. „Ohne das Mantra wenden sich die Gedanken bald diesem, bald jenem Gottesbegriff zu, und Konzentration wird unmöglich" (138). Die Konzentration wird dadurch gewonnen, daß man das Mantra unermüdlich wiederholt.

Darüber hinaus wirkt das Mantra, weil es mit geistiger Kraft geladen ist. Zu der zuerst beschriebenen seelischen Hilfe tritt nun die metaphysische. Beides zusammen wirkt aber nur, wenn das Mantra laut ausgesprochen wird. Durch die Wiederholung des Mantras werde „die in jeder Menschenseele verborgene Gottheit erweckt" (113f.).

(2) Japam[36]. Das Ausrufen des göttlichen Namens – auch des Mantras – heißt Japam. Es kann immer und überall erfolgen, wenn nicht äußerlich laut, dann in der Stille innerlich als ein Flüstern im Herzen.

Dabei handelt es sich – jedenfalls der eigentlichen Lehre nach – nicht um etwas Äußerlich-Mechanisches, wie wir es von den Gebetsmühlen der Tibetaner her kennen. Die im Menschen verborgene Gottheit werde nur erweckt, wenn zum Japam auch noch die Meditation über die Gottheit hinzutritt. Das will besagen, Japam sei ein Geschehen, an dem das Innerste des Menschen teilhat. Fehlt dieses, so handelt es sich in der Tat nur um etwas Mechanisches. „Japam, wenn nicht von Meditation begleitet, wird leicht eintönig und mechanisch" (115).

Wie wichtig Japam ist, ersehen wir aus dem leidenschaftlichen Ausruf Maharajs: „Japam! Japam! Japam! Macht Japam während der Arbeit. Laßt inmitten aller Tätigkeit das Rad des Namens Gottes sich rund herumdrehen. Tut dies, und euer brennendes Herz wird besänftigt werden." (171)

Wer solche Übungen auf sich nehmen will, der muß aber – und das übersehen die so leicht für Östliches begeisterten Leser asiatischer Literatur im Westen meist – schwere, sehr schwere Übungen auf sich nehmen: Er hat sich von der Welt und ihren Verpflichtungen zu lösen, ganz zu lösen. Er muß sich so lösen, daß ihm kein Mangel mehr etwas anhaben kann, daß es ihm geradezu gleichgültig ist, ob er zu essen habe oder nicht. Gerade in der Frage des Essens kann jeder bei sich selbst nachprüfen, ob er fähig und willig sei, wirklich solch einen östlichen Weg zu beschreiten.

(3) Meditation. Die Aufzeichnungen östlicher Seelenführer enttäuschen den westlichen Leser immer wieder dadurch, daß sie nicht genau sagen, wie das Meditieren zu geschehen habe. Sie sagen es wohl deshalb nicht deutlich genug, weil es im Osten ein Lehren und Üben nur durch den persönlichen Seelenführer, den Guru, gibt. Wir müssen also zwischen den Zeilen lesen, und auch da bleibt Wesentliches oftmals noch ungesagt. Daraus folgt, daß keiner nach solchen Aufzeichnungen von sich aus Meditation erlernen oder üben kann.

Japam geht der Meditation voraus. „Japam macht den Sinn für Meditation geneigt“ (124). Bei den Anweisungen werden Japam und Meditation immer wieder miteinander genannt. „Japam und Meditation müssen Hand in Hand gehen“ (176). Da beim Japam Mantra ertönt, kann man auch sagen: „Meditation und Mantra müssen zusammengehen“ (220). Dabei ist aber zu beachten, die Meditation stellt die höhere Stufe dar (123). Schließlich ist als Vorbereitung für die Meditation auch die Konzentration zu üben: „Je besser die Konzentration, desto größere Freude wird die Meditation bereiten“ (192).

Nun zu den praktischen Fragen der Meditation! Die Meditation solle früh morgens vorgenommen werden. „In Benares ist vier Uhr morgens eine günstige Stunde für Meditation, um leicht einen höheren Bewußtseinszustand zu erreichen“ (100). „Steht früh auf! Für die Meditation sind die besten Stunden, wenn Nacht in Tag und Tag in Nacht übergeht“ (131). Dann aber wird wieder geraten, vor allem dem Anfänger, „vier bis fünf Mal täglich zu meditieren“ (162). „Meditiert viermal täglich regelmäßig. Am frühen Morgen, mittags, bei Sonnenuntergang und um Mitternacht“ (168). „Im Anfangsstadium soll man die Stunden für Meditation langsam aber stetig vermehren“ (229). „Eine oder zwei Stunden Meditation täglich genügen nicht“ (215).

Wenn der westliche Leser hier erschreckt innehält und sich gesteht, solche Übungen seien wegen dieser Ansprüche also nichts für ihn, so hat er richtig verstanden. Sie sind deswegen auch nichts für uns, soweit wir Christen sind, weil sie als Leistung, als seelische Anstrengung des Menschen verstanden werden. Das Wort *Meditation* bezeichnet hier etwas ganz anderes, als unser Wort *Innerung* meint. Das wird deutlich, wenn wir Meditation nicht unbesehen übernehmen, ich meine, das Fremdwort nicht unbefragt gebrauchen, sondern nachspüren, was Maharaj nun eigentlich unter Meditation verstehe.

Da fällt auf, wie nach Maharaj die Meditation eine Arbeit des *Denkens* ist. Unter Meditation[37] versteht er: „die Gedanken fließen in einem ununterbrochenen Strome zu Gott" (123). „Dieser unausgesetzte Strom der Gedanken zu Gott ist Meditation" (226, 217). Zunächst habe der Übende etwas zu schauen: „Seht in eurer Meditation die Gestalt des Erwählten Ideals leuchtend, Sein Licht einen Glanz verbreitend, der alles erhellt" (144). Danach, so fährt die Anweisung fort, „denkt an Ihn als ein lebendes und bewußtes Wesen" (145). Wenn der Meditierende das getan, wenn er „einige Zeit so über die Gestalt des Erwählten Ideals meditiert" hat, dann geschieht etwas Überraschendes: sie wird „allmählich im Formlosen, Unendlichen aufgehen" (145). Damit ist bereits das Ziel der Meditationsübungen dieser Richtung beschrieben. Wir aber kehren nochmals zu den grundlegenden Anweisungen zurück.

Wo sich anfangs Schwierigkeiten einstellen, da lasse man sich nicht abschrecken. Man solle „mit unfehlbarer Regelmäßigkeit" die Übungen „drei Jahre durchführen" (176). Wichtig ist, daß man nicht öffentlich meditiert! „Stellt eure religiösen Übungen nicht zur Schau. Wenn ihr meditiert, tut es im Geheimen." (191)

Da diese Meditationspraxis so stark auf dem Willen des Menschen gründet, erhebt sich die Zweifelsfrage, ob sie nicht Autosuggestion sei. Diese Frage stellt sich vor allem aus der geistlichen Erkenntnis des Christen ein, wenn man die Anweisung liest: „Laßt ihr euch zum Meditieren nieder, so stellt euch vor, alle Wünsche und Begierden seien nur Träume, sagt euch, sie sind unwirklich, sie können euch nicht beflecken. Fühlt, ihr seid rein, und Reinheit wird allmählich euer Herz erfüllen." (209) Das ist das Verfahren der *Christian Science,* wir nennen es auch Autosuggestion. Damit ist alles gesagt.

Wir brechen die praktischen Anweisungen ab, von denen es noch mehr mitzuteilen gäbe, und wenden uns dem Ziel dieser Übungen zu. Es wird als „höherer Bewußtseinszustand" bezeichnet (100), als „die Einheit des Selbst mit der Gottheit“ (123). Dieser Bewußtseinszustand ist „jenseits von Dualität und von Nicht-Dualität“ (145). Es geht also um Vergöttlichung des Menschen, wobei nicht der empirische Mensch, sondern der Grund seines Wesens gemeint ist. Der empirische Mensch ist dann nur noch das Gehäuse, in dem die Gottheit wohnt.

V
Ramana Maharishi

Die bisher gezeichneten Gestalten gehören zusammen: Ramakrishna als der Meister, Vivekananda und Brahmananda als die beiden Meisterschüler. Doch der Mann, zu dem wir uns nunmehr wenden, ist ein eigener. Er mag vielleicht mit Ramakrishna zu vergleichen sein, denn gleich ihm verdankt er sich nicht einem anderen: seine Erleuchtung überfiel ihn unerwartet, ohne die Hilfe eines Guru. Der volle Name, unter dem er in die Geschichte eingegangen ist, lautet: *Bhagavan Sri Ramana Maharishi* vom Berge *Arunachala* (bei Tiruvannamalai in Südindien gelegen).

Heinrich Zimmer, der so früh gestorbene Indologe, scheint den Typus des Guru verstanden zu haben. Er hat Ramana sein letztes Werk gewidmet, und dessen Darstellung folgen wir zunächst[38].

1. Sein Weg zum Arunachala

Venkata-Raman, wie er von Geburt an hieß, wurde 1879 geboren. Er war der mittlere von drei Söhnen. Nach alter Überlieferung, für die Zimmer Belege beibringt, wählte der mittlere Sohn gewöhnlich den Weg der Weltentsagung. Zunächst besuchte Venkata-Raman die Volksschule seines Heimatdorfes Tiruchuzhi, dann die Höhere Schule in Madura. Hier lernte er, weil es eine Missionsschule war, die Botschaft von Gott als dem Vater kennen, die der Hindu-Religion fremd ist und ihm, der inzwischen seinen Vater verloren hatte, wohltat. Er hat sie zeit seines Lebens nicht mehr vergessen. Ein hervorragender Schüler war er nicht. Dafür gab er sich um so mehr den Leibesübungen hin; als ob er geahnt hätte, daß, wer den Weg asketischer Übung beschreitet, einen sehr gesunden Leib haben müsse.

Durch eine volkstümliche Hindu-Schrift hört er zum ersten Mal vom Berge Arunachala, dessen Name für die Ohren frommer Hindus ein heiliger Klang ist. Von ihm sagt ein bekannter Spruch: „Wer Chidambaram schaut, wer in Tiruvarur geboren wird, wer in Benares stirbt, und wer nur an den Arunachala denkt, wird sicher Erlösung finden" (33). Der Name bedeutet: „Berg *(achala)* des Morgenrots *(aruna)*". In der „Lehre von der Wunderwesenskraft des Berges Morgenrot" *(Sri-Arunachala-mahatmya* des *Skanda-Purana)* heißt es: „Der bloße Anblick des Berges Morgenrot nimmt alle Makel und Mängel hinweg, aus denen die Endlichkeit der Welt und die Grenzen des Ich entspringen... Wer in fünf Meilen Umkreis vom heiligen Berge weilt, wird aller Sünden ledig und erlangt die Vereinigung mit dem Höchsten." (35)

Als der junge Venkata-Raman 17 Jahre zählte, also im Jahre 1896, überkam ihn das große Erwachen. Hören wir darüber sein eigenes Zeugnis:

„Es war etwa sechs Wochen, ehe ich Madura verließ, um nicht zurückzukehren, daß der große Wandel in meinem Leben eintrat. Das geschah ganz plötzlich. Eines Tages saß ich allein in einem Raum des ersten Stocks im Hause meines Oheims. Ich fühlte mich frisch und wohl wie gewöhnlich. Ich muß überhaupt bemerken, daß ich nur selten krank war ...

Eines Tages also saß ich allein und fühlte mich keineswegs schlecht, – da packte mich jäh und unzweideutig der Schrecken des Todes. Ich fühlte, ich müsse sterben. Warum ich das fühlte, läßt sich durch nichts, was ich in meinem Körper empfand, erklären. Ich konnte es mir auch nicht erklären. Aber ich bemühte mich auch gar nicht, herauszufinden, ob meine Todesangst begründet sei. Ich fühlte einfach, *ich muß jetzt sterben*, und überlegte sofort, was ich tun solle. Ich dachte nicht daran, einen Arzt oder Verwandte oder gar Fremde zu fragen. Ich fühlte: diese Frage mußte ich selber lösen, hier und jetzt, auf der Stelle.

Dieser Schreck der Todesangst wandte mich nach innen. Ich

sagte innerlich zu mir selbst, ohne einen Laut zu sprechen: ‚Jetzt ist der Tod da. Was hat er zu bedeuten? Was ist das: Sterben? Mein Leib hier stirbt.' Sogleich fing ich an, meine Sterbeszene zu spielen. Ich streckte meine Glieder lang und hielt sie steif, als wäre die Todesstarre eingetreten. Ich ahmte einen Leichnam nach, um meinem weiteren Erforschen den äußeren Schein der Wirklichkeit zu leihen, hielt den Atem an, schloß den Mund und hielt die Lippen fest aufeinander gepreßt, daß mir kein Laut entfahren konnte. Laß nicht das Wort *Ich* oder irgendeinen Laut dir entschlüpfen! – ‚Gut', sprach ich dann zu mir selber, ‚dieser Leib ist tot. Starr, wie er ist, werden sie ihn zur Leichenstätte tragen; dort wird er verbrannt und wird zu Asche. Aber wenn er tot ist, – bin dann *Ich* tot? Ist der Leib *Ich?* – Dieser Leib ist stumm und dumpf. Aber ich fühle alle Kraft meines Wesens, sogar die Stimme, den Laut *Ich* in mir, – ganz losgelöst vom Leibe. Also bin ich ein *Geistiges,* ein Ding, das über den Leib hinausreicht. Der stoffliche Leib stirbt, aber das Geistige, über ihn hinaus, kann der Tod nicht anrühren. Ich bin also ein todlos Geistiges.'

All das aber war nicht bloß ein Vorgang in meinem Denken, es stürzte als lebendige Wahrheit in Blitzen auf mich ein: ich ward es unmittelbar gewahr, ohne Überlegen oder Folgern. *Ich* war ein höchstes Wirkliches, das einzige Wirkliche in diesem Zustande, und alles bewußte Geschehen, das an meinem Leibe hing, war darauf versammelt. Dieses *Ich* oder mein *Selbst* blieb von diesem Augenblick an mit allmächtiger Anziehungskraft im Brennpunkt meiner wachen Aufmerksamkeit. Die Furcht vor dem Tode war ein für allemal vergangen. Dieses Verschlungensein ins *Selbst* hat von jener Stunde an bis heute nicht aufgehört. Andere Vorstellungen und Gedanken mögen kommen und gehen wie viele Töne einer Musik, aber dieses Ich dröhnt als Grundbaß fort, der sie alle begleitet und sich mit ihnen verbindet. Ob mein Körper mit Sprechen, Lesen oder sonst etwas befaßt war, immer blieb ich auf dieses *Ich* versammelt." (37/39)

Nach diesem gewaltigen Erleben ging Venkata-Raman nicht mehr mit seinen Freunden zu Sport und Spiel, sondern blieb lieber sich selbst überlassen. Er saß viel für sich allein, in der Meditations-Haltung, schloß die Augen und verlor sich in sein Selbst. Daran hielt er fest, obwohl sein älterer Bruder ihn ständig verhöhnte. Der Nahrung gegenüber hatte er jegliches Gefühl verloren: was man ihm gab, das aß er ohne besondere Empfindung.

Diese innere Wendung zeigte sich auch darin, daß er nun fast jeden Abend zum Tempel ging und lange vor dem Bilde Shivas verweilte. Er suchte einen neuen Halt, verweilte im Gebet und brach vor dem Götterbilde oftmals in Tränen aus. Meist betete er aber nicht, sondern, wie er bezeugt, „ließ die Tiefe in mir strömen und überströmen hinaus in die Tiefe außer mir“ (41).

Heinrich Zimmer deutet die merkwürdige Übung, die Venkata-Raman vorgenommen hatte – und wir meinen, er deute sie auf diese Weise recht – als eine *meditatio mortis*[39], die wir auch aus anderen Religionen kennen, die auch dem inneren Kreis der christlichen Mystik nicht fremd ist, von der wir sogar meinen, sie gehöre zum Wesen der Christus-Nachfolge.

Wer solche Erfahrung gewonnen hat, findet an den Büchern intellektuellen Wissens kein Genüge mehr. So verstehen wir, daß dem jungen Venkata-Raman die Wissenschaften schließlich gleichgültig wurden. Er verließ sein Elternhaus und machte sich auf den Weg zum Berge Arunachala. Er hinterließ ein paar Abschiedszeilen, auf denen er zum Anfang noch einmal – zum letzten Mal! – das Wörtlein „ich“ gebrauchte, die er aber, nunmehr namenlos geworden, nur noch unterzeichnete: „Somit ...“

Diese Wanderung, für die er auch die Eisenbahn benutzen muß, wird für ihn sehr schwierig, weil er immer wieder in Samadhi fällt, und in diesem Zustand der Entrücktheit nimmt er von der Umwelt nichts wahr, es schwindet ihm auch das Gefühl des Hungers. Er läßt sich das Haupthaar scheren, legt seine Brahmanenschnur ab, wirft den letzten geringen Besitz von drei und einer halben Rupie von sich und läßt sich im Tempelbezirk des Arunachala nieder. Hier weilt er viele Zeiten im Samadhi-Zustand, in welchem er den Steinwürfen der Straßenjugend wehrlos ausgesetzt ist. Schließlich zieht er ins Innere des Heiligtums und verbringt schier endlose Zeiten in Samadhi, ohne daß er merkt, wie Ungeziefer sich an ihm zu schaffen macht.

Da kommt der erste Schüler zu ihm. Bald folgen weitere Menschen, bis endlich ganze Scharen zu ihm pilgern, um den Anblick, den selig machenden *Darshan* des regungslos dasitzenden und bereits in jungen Jahren als heilig geltenden Mannes zu erleben.

Das Gerücht von diesem neuen jungen Heiligen dringt endlich bis zu seiner Mutter. Wie sie ihn aufsucht und bereden will, zu ihr zurückzukehren, antwortet er ihr nicht ein Wort. Er hat sich ins Schweigen zurückgezogen. So muß sie ohne ihn heimkehren. Doch nach Jahren kam es zu einer Lebensgemeinschaft mit der Mutter: sie kehrte zu ihm zurück (1916) und blieb bis zu ihrem Tode bei ihm (1922). Sie wurde die Mutter einer kleinen Ashramgemeinschaft, die sich um Ramana herum bildete. Doch auch in dieser Nähe sprach er mit seiner Mutter kein Wort. Schließlich nahm sie das gelbe Gewand und wurde Bettelasketin. Sprach er zu seiner Mutter auch kein persönliches Wort, so erteilte er doch Belehrung, und daran durfte sie teilhaben. Und wie hungrig nahm sie seine Worte auf! Nach ihrem Tode erhob er sie zur *Mâtribhûteshvara,* das ist der höchste Gott in der Gestalt der Mutter. Zimmer fügt treffend hinzu: „Der alte Kult der Mütter als Göttinnen Südindiens hat sich ihres Grabes dabei als Kultort bemächtigt" (64).

Der Heilige wurde von unzähligen Menschen aufgesucht und immer wieder gefragt, wie sie leben sollten, was das Ziel des Lebens sei und was dieser letzten Fragen mehr sind. Seine Belehrung wies immer auf die Grundfrage, wie der Mensch sein Selbst finden könne. Er schrieb seine Antworten meist auf Zettel. Daraus hat sich ein eigener Stil ergeben: von ihm sind nur Antworten auf Fragen überliefert. Hörer haben diese Antworten gesammelt, aufgezeichnet und geordnet herausgegeben. Unter ihnen verdient einer unsere Aufmerksamkeit: *Ganapati Shastri* – denn er verstand es, dem Meister besondere Antworten zu entlocken, die er dann aufschrieb. Er hat ihn in einer Dichtung gefeiert und damit den Kult des Heiligen begründet.

Wer in Zimmers Buch Ramanas Bild sieht, versteht schon beim bloßen Anblick dieses Gesichtes mit seinen innerlich lebendigen Augen, daß in ihm etwas lebte, was nicht von der Welt der Dinge und der wandelbaren Sinnlichkeit war.

Obwohl Zimmer im zweiten Teil seines Werkes mancherlei

Gespräche auf Deutsch wiedergibt, dazu auch noch Dichtungen und Aussprüche, folgen wir im nächsten Abschnitt der Ausgabe der Aufzeichnungen von *Siddheswarananda*.

2. *Ein Guru-Gespräch*[40]

Schüler: Was ist die Gnade des *Guru (Guru-krpa)*, und wodurch führt sie zur Selbstverwirklichung?

Maharishi: Der *Guru* ist das Selbst. Der Mensch wird zuweilen mit seinem Leben unzufrieden, und da ihm das, was er besitzt, nicht mehr genügt, betet er zu Gott, daß der seine Wünsche befriedigen möge. Nach und nach reinigt sich sein Inneres, bis er mehr nach Gotteserkenntnis, mehr nach Gnade als nach Erfüllung seiner irdischen Wünsche verlangt. Zu diesem Zeitpunkt beginnt Gottes Gnade sich zu zeigen. Gott nimmt die Gestalt eines *Guru* an und erscheint dem Frommen, lehrt ihn die Wahrheit und reinigt zugleich sein Denken und Fühlen durch die Verbindung mit ihm. Die Geistes- und Gemütskräfte des Frommen erstarken und können sich nun nach innen wenden. Außerdem läutert die Meditation sein Inneres, und es verharrt still ohne die leiseste Welle. Diese stille Weite ist das Selbst.

Der *Guru* ist sowohl *außen* als auch *innen*. Von *außen* gibt Er dem Geist einen Stoß, damit er sich nach innen wendet, von *innen* lenkt Er ihn zum Selbst und verhilft ihm zum Frieden. Das ist die Gnade des *Guru*. Es gibt keinen Unterschied zwischen Gott, dem *Guru* und dem Selbst.

Schüler: In der Theosophischen Gesellschaft wird meditiert, um Meister zu finden, die ihre Anhänger leiten sollen.

Maharishi: Der Meister ist im Innern; Meditation hat den Zweck, den Irrtum zu beseitigen, daß er sich außerhalb von uns befände. Wenn er ein Fremder wäre, den du erwartest, so müßte er ganz gewiß auch wieder verschwinden. Worin läge der Nutzen eines solchen vergänglichen Wesens? Solange du allerdings glaubst, daß du persönlich bist, oder der Körper, solange wird auch der Meister *außen* nötig sein und sich dir in einem Körper zeigen. Wenn deine falsche Identifizierung mit dem Körper aufhört, wirst du den Meister als das Selbst erkennen.

Schüler: Wird uns der *Guru* durch eine Einweihung oder eine ähnliche Handlung das Selbst erkennen helfen?

Maharishi: Hält dich der *Guru* an der Hand und flüstert er dir ins Ohr? Du kannst dir einbilden, daß er ist, was in Wirklichkeit du selbst bist. Da du glaubst, du hättest einen Körper, nimmst du an, daß auch er einen Körper besitzt, mit dem er etwas Handgreifliches tun kann. Sein Werk liegt jedoch im Innern, im Reiche des Spirituellen.

Schüler: Wie kann ich den *Guru* finden?

Maharishi: Der innewohnende Gott hat in seiner Gnade Mitleid mit dem Frommen, der ihn liebt, und zeigt sich ihm in einer Weise, die der Entwicklung des Andächtigen entspricht. Der Fromme meint, daß jener ein Mensch ist und erwartet eine Beziehung wie zwischen zwei physischen Körpern. Aber der *Guru* – er ist in Wahrheit Gott oder das inkarnierte Selbst – arbeitet von innen, hilft dem Menschen, seine Irrtümer zu erkennen, und führt ihn auf den rechten Pfad, bis er das Selbst in sich verwirklicht.

Schüler: Was soll der Fromme denn tun?

Maharishi: Er hat sich nur nach den Worten des Meisters zu richten und im Innern zu arbeiten. Der Meister ist sowohl *innen* als auch *außen;* er schafft Bedingungen, die dich nach innen treiben, und macht zugleich dein *Inneres* bereit, um dich in das Zentrum zu ziehen. Er versetzt dir also einen Stoß von *außen* und übt gleichzeitig einen Zug von *innen* aus, der dich im Zentrum festhält.

Du glaubst, die Welt durch deine eigenen Anstrengungen besiegen zu können. Wenn du aber erst äußerlich betrogen und nach innen getrieben wurdest, fühlst du, daß es eine höhere Macht gibt als den Menschen.

Das Ego ist wie ein gewaltiger Elefant, der von keinem schwächeren Tier als dem Löwen bezwungen werden kann; und der ist in diesem Falle der *Guru*, vor dessen Anblick das elefantenähnliche Ego erzittert und stirbt.

Du wirst zur rechten Zeit erkennen, daß deine Herrlichkeit dort liegt, wo du nicht mehr vorhanden bist. Um diesen Stand zu erreichen, mußt du dich aufgeben. Dann sieht der Meister, daß du in der geeigneten inneren Verfassung bist, um einen Führer zu bekommen, und leitet dich.

Schüler: Wie kann das Schweigen des *Guru*, der weder eine Einweihung erteilt, noch sonst irgendeine greifbare Handlung vornimmt, mächtiger sein als sein Wort? Wieso ist dieses Schweigen förderlicher als das Studium der Heiligen Schriften?

Maharishi: Schweigen ist die mächtigste Form des Wirkens. Die Heiligen Schriften mögen noch so umfassend und eindringlich sein, sie ermangeln der Wirksamkeit. Der *Guru* schweigt und herrscht durch Gnade. Dieses Schweigen ist umfassender und eindrucksvoller als alle Heiligen Schriften zusammen. ... ...

Schüler: Wie kann ich die Gnade erlangen?

Maharishi: Die Gnade ist das Selbst und folglich nicht *zu erlangen*. Du brauchst bloß zu wissen, daß sie existiert.

3. Bruntons[41] Begegnung mit dem Maharishi

Paul Brunton, der englische Forschungsreisende nach den Geheimnissen Indiens, hat in seinem vielgelesenen Buch *Yogis* in einem ausführlichen Kapitel beschrieben, wie er dem Maharishi begegnete. Wir überschlagen seine eingehende Schilderung des *Berges des heiligen Feuers* und gehen gleich in das erste Gespräch hinein. Brunton verhält sich hier als abendländischer Mensch und darf sich also nicht wundern, wenn er nicht gleich jene innere Verbindung gewinnt, die er ersehnt.

Brunton wird bedeutet, er solle sich in der Halle, in welcher der Maharishi sich befindet, hinhocken wie die anderen auch und warten. Das tut er und harrt der Dinge, die sich ereignen sollen. So vergeht eine ganze Stunde. Doch hören wir ihn selber: „Erst als die zweite Stunde anbricht, merke ich, daß sich heimlich, aber unwiderstehlich, eine Wandlung in mir vollzieht" (145). Seine vorbereiteten Fragen erscheinen ihm als wesenlos. Dafür aber erlebt er etwas Wunderbares: „Tiefe Stille und ein unendlicher Friede erfüllen mich, mein gequälter Geist findet endlich ein wenig Ruhe." Er erkennt und gesteht sich und den Lesern ehrlich ein: „Wie unwichtig ist alles, was mich so in Atem hielt, wie nichtig sind die verlorenen Jahre! Mit plötzlicher Klarheit erkenne ich, daß es der Verstand selbst ist, der sich die Probleme schafft und sich dann abmüht, sie zu lösen." (146) Und wir setzen hinzu: der von Gott gelöste Verstand!

Wie endlich die Erlaubnis gegeben wird, daß Brunton seine Fragen vorbringe, sind sie ihm entschwunden. Das Sein, das der Maharishi ausstrahlt, hat ihn ganz erfüllt. Erst am Nachmittag kommt es zu einem Gespräch. Doch in diesem Hin und Her von Frage und Antwort muß der Guru erst soviel westliches Unverständnis wegräumen, daß Brunton ganz unbefriedigt bleibt. Aber auch dem Maharishi hat der Gang der Fragen nicht gefallen. Er wehrt das westlich-rationale Fragen und Diskutieren ab, indem er sich ohne ein weiteres Wort seiner Lektüre zuwendet und den Besucher einfach sitzen läßt. Brunton notiert: „Diese kühle Gleichgültigkeit versetzt meiner Selbstachtung einen argen Stoß. Eine Viertelstunde lang bleibe ich noch sitzen, merke aber, daß er weitere Fragen nicht beantworten möchte." (151) So erhebt er sich, grüßt und geht.

Während der nächsten Tage ergibt sich keine weitere Begegnung. Brunton spürt den Gründen für seinen Mißerfolg nach und findet drei Dinge: Zum ersten sei der Maharishi von Natur sehr zurückhaltend und habe nicht die Absicht, einen anderen Menschen für seine Erkenntnis zu gewinnen. Zum zweiten ergreift den fremden Gast immer mehr eine große Scheu, so daß er keine Fragen mehr stellen mag. Zum dritten fühlt Brunton sich in seiner inneren Freiheit beschränkt, weil stets andere Leute zugegen sind, so daß er persönlichste Fragen nicht stellen mag.

So vergehen zwei Wochen. Da, kurz vor der Abreise, findet Brunton den Mut, den Maharishi noch einmal um eine Unterredung zu bitten. Sie wird ihm gewährt. Hier nun macht Brunton eine Erfahrung, hier erlebt er den Maharishi, wie er es nicht erwartet hat, und schildert genau, wie alles geschah. Hören wir sein Zeugnis noch ausführlicher an!

So schaut er den Maharishi vor sich sitzend[42]:

„Seine immer leuchtend klaren Augen werden jetzt starr und unbeweglich wie Glas, der Körper wird steif. Der Kopf zittert leise, dann ist auch er ganz ruhig. Ich erkenne bald, daß er in jenen Dämmerzustand versinkt, in dem ich ihn zum ersten Male sah. Jemand flüstert nahe an meinem Ohr: ‚Der Maharishi ist im heiligen Dämmerschlaf; es ist zwecklos, jetzt mit ihm zu sprechen.'

Niemand regt sich. Langsam schleichen die Minuten dahin, es wird immer stiller. Ich kann mich nicht länger eines Gefühles der Furcht erwehren. In dieser Halle lebt und webt eine geheime, feine und nicht näher zu beschreibende Kraft, die eine tiefe Wirkung auf mich ausübt. Ich zweifle keinen Augenblick daran, daß diese geheimnisvolle Kraft von dem Maharishi ausgeht. Seine Augen haben einen ungeahnten Glanz. Seltsame Empfindungen bewegen mich, mir ist, als blickten diese Augen auf den Grund meiner Seele; ich weiß auch, was er dort sieht. Vor diesem geheimnisvollen Blick bin ich hilflos, er durchdringt mein Denken, mein Fühlen und Wünschen. Dieser Blick bedrückt mich fast, denn der Mann sieht in mir Dinge, die der Vergangenheit angehören, die ich schon längst vergessen habe. Er weiß alles, und ich bin machtlos, ich kann ihm nicht entrinnen, will es auch gar nicht. Ich habe die leise Ahnung, als würde sich alles zum Guten kehren, deshalb ertrage ich den erbarmungslosen Blick.

Eine ganze Weile ruhen diese leuchtenden Augen auf den geheimsten Schwächen meiner Seele, auf meiner unruhigen Vergangenheit, auf der Verworrenheit, die mich hierhin und dorthin trieb. Ich weiß aber, daß er versteht, warum ich einen anderen Weg einschlagen und Männer wie ihn aufsuchen mußte.

Der ihn und mich verbindende geheime Kraftstrom ändert sich jetzt. Ich zwinkere wiederholt mit den Augen, während die seinigen nicht einmal zucken. Ich fühle, daß er meinen Geist an den seinen kettet und daß er mich der himmlischen Ruhe teilhaftig werden läßt, die er ständig verspürt. Diese unendliche Ruhe macht mich leicht und froh ...... Der Blick dieses Mannes hat eine zauberische Kraft und läßt vor meinen unheiligen Augen eine unbekannte Welt von ungeahnter Schönheit erstehen ......"

Brunton erlebt sogar so etwas wie eine kleine Entrückung. „Plötzlich scheint sich", so schreibt er weiter, „mein Körper aufzulösen, ich schwebe mit dem Weisen irgendwo im leeren Raum." Doch bald ist er wieder bei sich und spürt, der Augenblick des Abschieds ist gekommen. Er steht auf und neigt abschiednehmend den Kopf. „Stumm nickend erwidert der Weise den Gruß." Brunton stammelt einige Dankesworte, und wieder nickt er. An der Tür hebt er zum letzten Mal die zusammengelegten Hände an die Stirn. Das ist der Abschied.

VI

Sivananda

Wir schreiten zur letzten Guru-Gestalt fort und gelangen auf jene abschüssige Bahn, da sich das echte Gurutum auflöst. Wieso abschüssige Bahn? Ein Guru, der für sich solche Propaganda machen läßt wie Sivananda und der vor allem unter denen, die seine Schüler werden möchten und dürfen, nicht zu unterscheiden weiß: hinter dessen Gurutum müssen wir ein Fragezeichen setzen. Doch davon wird später noch zu sprechen sein.

1. Sein Leben[43]

In Südindien, im Tinnevellidistrikt, wurde *Kuppuswamy*, wie Sivananda ursprünglich hieß, 1887 geboren. Seine Eltern waren Sriman P. S. Vengu Iyer und Srimali Parvathi Anamal. Obwohl er von Hause aus gesund war, sorgte er dennoch dafür, daß sein Körper auf dem Sportplatz das größte Maß an Kraft gewann. Unter seinen Altersgenossen soll er der stämmigste und kühnste gewesen sein. Seine Intelligenz kam seinem Arbeitseifer zustatten. 1903 wurde er in die Ettiapuram-Rajah-Schule aufgenommen. Zur weiteren Ausbildung zog er dann auf das S. P. G. College in Trichinopoli, wo er das Christentum in seiner protestantischen Gestalt kennenlernte. In den studentischen Debattierklubs schulte er seine Beredsamkeit. Nach Abschluß seiner Allgemeinbildung wandte er sich dem Studium der Medizin zu. Er muß ein sehr fähiger Arzt gewesen sein, sonst wäre er nicht im Lauf der Jahre M. R. I. P. H. *(Member of the Royal Institute of Public Health)* geworden.

Mit 25 Jahren wurde Dr. Kuppuswamy leitender Arzt eines

kleinen Krankenhauses in Negri Sembilan in den Malayischen Staaten, wo er einen großen Zulauf hatte. Die Reichen zahlten ihm gute Honorare, so daß er vor der Versuchung stand, ein Arzt der Reichen zu werden, um selbst Reichtum zu erwerben. Doch er widerstand dieser Verlockung und wurde ein Arme-Leute-Doktor. Nach sieben Jahren zog er nach Johre Bahru bei Singapore. Hier stieg sein Ruhm, denn er vermochte Kranke zu heilen, die andere Ärzte aufgegeben hatten. Woran das lag? Er behandelte nicht nur den Körper, er nahm sich des ganzen Menschen an. So setzte er neben seiner ärztlichen Kunst auch die Kraft des Gebetes ein und schritt in dieser Richtung mutig voran. Schließlich kümmerte er sich immer weniger um seine Praxis als um göttliche Dinge. Das Gebet, so wird berichtet, nahm immer mehr Zeit ein. Hier sei aber angemerkt, daß ein Anhänger der hinduistischen Richtung des Advaita eigentlich nicht betet: er führt kein Zwiegespräch mit einem göttlichen Gegenüber, sondern er versenkt sich in ein unpersönliches Sein. Doch auch dies ist eine religiöse Übung, und darauf kommt es hier nur an: seine religiösen Übungen nahmen immer mehr Zeit in Anspruch.

So gab er 1923 seine Stellung auf und kehrte nach Indien zurück. Sein Leitspruch war und blieb: *Ich lebe, um allen zu dienen.* Aber die Art des Dienstes wandelte sich. Zunächst begab sich Dr. Kuppuswamy auf Pilgerschaft, auf jene Art der Wanderung, ohne die in Indien noch nie ein Großer der Religion gelebt und gewirkt hat. So weilte er eine Weile bei dem Yogi Narayan Maharaj in dessen Ashram zu Khedgaon. Danach hielt er sich vier Monate in Dhalai, einem verkommenen Dorfe, auf, um durch schwere Prüfungen auch gesundheitlicher Art herauszufinden, ob er für das Leben eines Sannyasi tauge. Im Mai 1924 kam er nach *Rishikesh* im Norden und wurde am 1. Juni in aller Form durch *Sri Swami Viswanandaji Maharaj* in den großen Sannyasa-Orden aufgenommen. Diesen Schritt kann nur tun, wer eingesehen hat: „Geboren werden ist schmerzensvoll. Alt werden ist voll Elend, die Frau ist nichts als ein Quell der Not. Welt ist nur Leid und Elend.“ (31) Von dem Tag dieser Einweihung an hieß Dr. Kuppuswamy – *Swami Sivananda.*

Um den Armen zu helfen, die zu Sri Bhadri Narayan wallfahrteten, errichtete er in Lakshman Jhula ein Krankenhaus und nannte es Satya-Seva-Ashram. Er leitete es ein Jahr lang und diente in dieser Zeit allen, die als Pilger oder sonstwie seine Hilfe begehrten, vor allem auch den armen Bauern der Umgegend. Nach einem Jahr zog er sich zurück und verbrachte *sechs weitere Jahre im Swarg Ashram in Einsamkeit und Meditation.* Auch dem Bücher-Studium widmete er sich in dieser Zeit. Hier unternahm er, wie sich sein Biograph *Sri Ray Saheb A.B.N.Sinha,* dem wir hier folgen, ausdrückt, „ein hochbedeutsames Experiment“. Wir lesen in seiner Biographie:

„Wenn der Herr alles durchdringt, – warum kann man dann nicht SEINE Gegenwart tatsächlich überall fühlen und erfahren? Dieses große Ziel strebte er entschlossen an. Nicht in unfruchtbaren Diskussionen, nicht durch intellektuelle Kunststücke kann man den Herrn gewahr werden. ER ist der Lehrer des Lehrers, der Geist des Geistes, die Sprache der Sprache, der Atem des Atems und das Auge des Auges. Das ist der Herr. Keine Sprache vermag IHN auszusagen, aber ER macht die Sprache möglich. Wisse, daß ER Gott ist und nicht das, was die Leute gewöhnlich verehren. ER ist das, was nicht vom Geiste begriffen wird, aber durch DEN das Ohr hört; was nicht mit dem Atem geatmet werden kann, sondern durch DEN Atem überhaupt möglich ist. Wisset, daß ER der Herr der Welt ist und nicht das, was die Leute hier verehren.“ (33f.)

So sprechen die überlieferten Lehren. Sivananda benutzte diese Jahre der Einsamkeit, um *im Geist zu erfahren,* ob sie die Wahrheit sagen. Er überzeugte sich durch Geist-Erfahrung von ihrer Wahrheit und erfuhr, was die Überlieferung in Worten bezeugte, in Wirklichkeit in sich. Seitdem hatte er als seinen Lebensauftrag erkannt, andere Menschen anzuleiten, daß auch sie diese Erfahrung machen möchten, die er *Verwirklichung* nannte. Wie hatten jene Jahre auf ihn selber gewirkt? Sein Biograph berichtet: „Die bis dahin noch wenig wahrnehmbare Verwirklichung wurde sichtbar. Als Ergebnis seiner einsamen Jahre kam Swami als strahlender Sieger in die Welt zurück. Als Gelehrter war er tiefer geworden, als Mensch edler, und hingebender und frommer kam der Swami von Swarg Ashram wieder, mit einer

Aura um sein Antlitz, einem Leuchten in den Augen, und in seiner Stimme war etwas von Magnetismus. Er war entschlossen, nun der ganzen Menschheit Erkenntnis zu wecken und Liebe zu verkünden." (34)

So gern wir dem Biographen gefolgt sind, als er den Lebensweg Sivanandas beschrieb – obwohl er auch dies schon mit wahrlich tropisch übertriebener Begeisterung getan hat –, so sehr müssen wir ihm unsere Zustimmung angesichts der strömenden Flut vergöttlichender Redensarten versagen. Wir sind solchen Stil im Abendland nur bei gewissen Sekten gewöhnt, lehnen ihn aber im ernsthaften Schrifttum ab. So kann der Biograph von Sivananda etwa sagen: „Er ist ein Heiliger, jeder Zoll an ihm!" (9) „Ich verehre ihn als einen Heiligen und habe wahrhaftig manchesmal das Gefühl, daß er ein wahrer Gott in Menschengestalt ist" (10). Ferner verkündet er, daß Sivananda heute „das ganze Weltall mit den leuchtenden Strahlen seines Gesichtes erhellt". „Er ist weit über alle menschlichen Maßstäbe erhaben und gilt heute unbestritten als der größte lebende Heilige, den die Welt besitzt, als die vollkommene Verkörperung des Göttlichen, als Übermensch in jedem Sinne dieses Wortes" (17). Diese tropisch überschwengliche Glorifikation scheut sich auch nicht, den bekannten Schritt vom Erhabenen zum Lächerlichen zu tun. So wird Sivananda etwa als Schriftsteller gerühmt: „Die Gedanken fließen ihm leicht aus der Feder, sie eilt schnell über den Papierbogen, aber jeder Gedanke ist klar ausgedrückt und jeder Ausdruck wohl überlegt... Er schreibt schneller, als sein Verleger drucken kann" (35). „Die englische Sprache kann sich kaum eines anderen religiösen Schriftstellers rühmen, dessen Beiträge so umfassend und vielseitig und zugleich so lauter und hochgeistig sind" (36). Diese Lobpreisungen erreichen ihre höchste Höhe, indem Sivananda eine „befreite Seele" genannt wird (39), das ist der höchste Grad, den ein Mensch auf der Stufenleiter hinduistischer Bemühung erreichen kann: er steht unmittelbar vor dem letzten Schritt, den er in seiner letzten Stunde vollzieht – er wird nicht mehr auf diese Erde wiedergeboren! Weil er eine „befreite Seele" sei, deshalb kann der Biograph weiterhin sagen: „Wie ein Bad im gewaltigen Ganges alle Sünden abwäscht, so läuternd erhebt eine Berührung dieses Heiligen, eine Begegnung mit ihm, ja schon ein Wort von ihm eine belastete Seele. Seine Lehren, manchesmal auch sein Blick heiligen den Sünder und erhellen die Unwissenheit, welche den Menschen umschattet. Sie führen ihn dahin, wo er das Verlangen spürt, den Herrn zu verwirklichen" (49f.) Sivananda wird dem Leser vorgestellt als „der große Heiland, dessen Blick und Berührung schon dich schnell verwandeln können" (60). Seine Stimme – man beachte diese Zusammenstellung! – wird genannt „die Stimme eines Hypnotiseurs und Erlösers" (66). Und schließlich, damit auch der Christ sich angesprochen fühlen möchte: „Was der Herr Jesus lehrte" – gemeint ist die Bergpredigt –, „hat Swami Sivananda gelebt" (79).

Wir haben in Sivananda also einen Menschen vor uns, der nicht mehr bloßer Mensch ist, sondern Gott in Menschengestalt. Deshalb eröffnet der Biograph, der jedem Kapitel ein feierliches Wort voranstellt, mehrere Kapitel sogar mit dem Bekenntnis, daß er zu Sivananda bete: „... zu dem immer Heiteren und Gütigen bete ich, zu dem verehrungswürdigen Sivananda, dem König der Yogin und der Verkörperung der Seligkeit" (26,30,43).

Dieser Mann, der sich, ohne einzugreifen, in solcher Sprache feiern läßt, sitzt nicht etwa in einem kleinen Ashram, er thront inmitten eines großen Unternehmens, von dem aus eine Propaganda aufgezogen ist, die sich in alle Erdteile erstreckt. Was noch keinem gelungen ist, was noch keiner unternommen hat, das hat er mit seinen Mitarbeitern fertiggebracht: die *Divine Life Society*, die „Gesellschaft des göttlichen Lebens", ist ein weltumfassendes Propaganda-Unternehmen geworden, über das immer wieder in den Tageszeitungen berichtet wird. Sein Biograph zählt die einzelnen Häuser und Unternehmungen auf, die Sivananda um sich her versammelt hat: „Ananda Kutir, Sivananda-Ashram, Ganga Kutir, Kaivalya Guha, Yoga Sadhana Kutir, Sivanandas Elementarschule, Sivanandas gemeinnütziges Krankenhaus, die Divine Life Trust Society, die Divine Life Society, die Geschäftsstelle des Divine Life Magazines, die Sivananda Publication League und die Divine Life Society-Bücherei. Hier gibt es eine freie Verlagsabteilung und ein Postamt. Kurz, es ist eine autarke

Siedlung, und keiner braucht sein Leben lang wieder von dort wegzugehen, wenn er nicht will." (64)

Der Mann, der die Seele dieser Unternehmungen ist, wird zugleich in der Biographie, die schließlich in eine Propaganda- und Reklameschrift ausartet (S. 90–127 werden nur noch Sivanandas Bücher empfohlen!), dem Leser als – Guru angepriesen: „Man braucht einen Guru als Führer. Im Swami findet man einen liebevollen und hilfsbereiten Führer, der nicht nur weiß, was er lehrt, sondern alles selber bewährt hat." (67)

„Aber das ist noch lange nicht der ganze Swami Sivananda. Er bringt eine neue Philosophie, in gewisser Hinsicht sogar eine neue Religion, er hat einen anderen Glauben, nicht die Religion von vor 1300 Jahren, auch nicht die veraltete Philosophie. Es ist kein veralteter Kult, sondern eine alte Religion in neuen Formen, eine Philosophie, welche der Neuzeit entspricht und eine Theologie, die auch der Gebildete ohne Zögern annehmen könnte." (70)

Und nun kommt zum Abschluß der letzte Trumpf: im Vergleich zu Vivekananda steht Sivananda „in gewisser Hinsicht in einem höheren Rang" (87). Wieso das? Vivekananda habe selber nach Übersee fahren müssen, um für seine Ideen zu werben. Sivananda dagegen sitze in seinem Ashram, und die Leute kämen zu ihm. Das ist richtig. Ob sie aber auch zu ihm kämen, wenn nicht ein Vivekananda zuvor werbend nach Übersee gefahren wäre? So daß Vivekananda also der Pionier, der Bahnbrecher, Sivananda aber nur der Nutznießer wäre? Beides haben sie aber gemeinsam: ihr Wirken als Werbende, Reisende, Redende und Schreibende zeigt, daß sie keine echten Gurus sind.

Der Asien-Reisende *Hans-Hasso von Veltheim-Ostrau*, der ein tiefes Gespür für die geistigen Dinge hatte, berichtet in dem ersten Bande seiner *Tagebücher aus Asien*[44] über seine erste Begegnung mit Sivananda. In Rishikesh, so schreibt er, galt einer seiner ersten Besuche „dem als Schriftsteller und Volksredner in ganz Indien bekannten Swami Sivananda... Als ich ihn begrüßte und ihm mein Empfehlungsschreiben übergeben wollte, legte er mir, ohne dasselbe zu lesen, zum Zeichen, daß ich schweigen sollte, die Hand auf den Mund, indem er mich an den

Schultern faßte und lange ansah. Dann umarmte er mich und sagte leidenschaftlich: ‚Du bist, mein Bruder, nun endlich gekommen! Ich weiß, was Du in Deinem früheren Leben, welches wir zusammen verbrachten, warst und was Du immer bleiben wirst.'" Eine Eintragung in das Autographenbuch des deutschen Gastes unterschrieb Ṣivananda: „Ich, Dein eigenes Selbst Swami Sivananda." (217, 218)

Später[45] mußte der deutsche Reisende zu einem Urteil gelangen, dem wir – aus der Kenntnis des Schrifttums heraus – nur zustimmen können: „Kommen angehende Yogis und erst beginnende Gurus ... mit dem Westen, wie zum Beispiel ... Swami Sivananda in Rishikesh zu sehr mit moderner Propaganda und sensationsbedürftigen Weißen in Berührung, dann verfallen sie leider hemmungslos dem anmaßenden Lehrmeister- und Missionseifer ihrer weißen Vorbilder ... Sie verflachen dann notgedrungen in dem, was sie noch zu sagen haben, bis sie ihre geistige Strahlung einbüßen. Allein schon, weil sie Inder sind, ihre indischen Eigenarten beibehalten und noch einige persönliche Heiligkeitsnoten dazu erfinden, liegen ihnen ihre weißen Jüngerinnen – denn um diese handelt es sich zumeist – kritiklos anbetend zu Füßen. So erliegen sie der Eitelkeit, es entsteht in ihnen ein Geltungsbedürfnis, und sie werden macht- und geldsüchtig." Der deutsche Reisende schreibt, einst sei Sivananda anders gewesen. Als er ihn 1936 besuchte, „war er ein liebevoller, bescheidener Guru mit nur wenig Chelas (Schülern). Heute ist er der Führer einer über die ganze Welt verbreiteten Anhängerschaft, welche er in der *Divine Life Society* zusammenhält. Er tituliert sich entsprechend als Seine Heiligkeit Maharaj, läßt sich aber auch mündlich wie schriftlich gern als Gott Siva anreden."

2. Sein Verfahren der Meditation

Literarisch ist Sivananda auch bei uns vor allem durch sein Buch *Übungen zu Konzentration und Meditation*[46] bekannt geworden. Dieses Buch erleuchtet und verwirrt in einem. Es mag für einen Hindu richtig sein, zieht aber nicht in Betracht, daß für uns im Abendland andere Lebensbedingungen gelten. Wer könnte so leben, wie er es als Voraussetzung für wirksame Meditation beschreibt? „Fünf Dinge sind Voraussetzung für eine wirksame Meditation, für ein schnelles Erreichen von *samadhi*, der Selbstverwirklichung. Es sind Schweigen *(mauna)*, leichte Diät aus Milch oder Früchten, Einsamkeit in einer schönen Umgebung, persönliche Verbindung mit einem Meister und ein kühler Ort" (117).

Statt theoretischer Erörterungen und Vergleiche zwischen jener hinduistischen Meditationsart und unserer abendländisch-christlichen, gehen wir so vor, daß wir an einem Beispiel uns von Sivananda zeigen lassen, wie seine Übungen gemeint sind. Wir lesen ein Kapitel, die Darlegung einer bestimmten Übung, in seinem Buch und wählen das Stück *Meditation über eine Rose* (198f.):

„Konzentration oder *dharana* ist Konzentration der Gedanken auf eine konkrete Sache oder eine abstrakte Idee. Es ist der unaufhörliche Fluß der Gedanken auf den Gegenstand, auf den sie sich konzentrieren. Konkrete Meditation auf einen Gegenstand ist für das ungeschulte Denken des Anfängers unbedingt notwendig. Setze dich in die Lotus- *(padmasana)*, die *siddha-* oder *sukha*-Stellung an einem für die Meditation abgeschlossenen Raum und meditiere über Farbe, Form und die verschiedenen Teile der Rose wie Blütenblätter, Stengel, Blütenstaub, über die verschiedenen Rosenarten, die weißen, gelben, roten ... die großen oder zwerghaften, über die verschiedenartigen Zubereitungen wie Rosenwasser, Rosensirup, Parfüm, Essenz, Zuckerwerk aus Rosen, über ihre Verwendung als Rosenwasser für die Augen oder als Laxativ. Denke auch an die Rosengirlanden, die man selbst trägt oder die die Statuen der Götter schmücken, an die verschiedenen Heilwirkungen der Rose zum Erfrischen oder gegen Blähungen, denke an den Preis der Rosen und Girlanden, an die Orte, wo sie im Überfluß wachsen – mit einem Wort an alles, was mit der Rose zusammenhängt. Jeder andere Gedanke, der sich mit irgendeinem anderen Gegenstand beschäftigt, muß ausgeschaltet werden. Durch diese konkrete Methode bereitet sich das Denken auf die abstrakte Meditation vor. Der Schüler sollte jeden Morgen um fünf Uhr einen Monat lang diese Meditation üben."

Nun gehen wir den vorliegenden Text Satz für Satz durch! Der erste Satz ist richtig: Konzentration ist Konzentration auf einen Gegenstand. Konzentration wird mit „auf" verbunden, nicht aber, wie es im dritten Satz geschieht, das Wort Meditation! Überhaupt geschieht zum dritten Satz hin ein Gedankensprung: wie kommt man von der Konzentration zur Meditation? Oder meint Sivananda mit beiden Wörtern wesenhaft das gleiche? Wenn er mit etwas Konkretem anfangen läßt, so tut er recht daran. Aber wenn er schreibt, konkrete Meditation sei für „das ungeschulte Denken" des Anfängers notwendig, dann sagt er doch damit zugleich aus, Meditation sei ein Vorgang im Denken oder habe entscheidend mit Denken zu tun. Nun, das mag im *Advaita* so sein. Aber das wäre dann *eine* Art, *ein* Weg neben anderen! Und auch da sollte deutlich gesagt werden, wie sich Konzentration und Meditation voneinander unterscheiden.

In dem weiteren Satz, der die anderswo erklärten Anordnungen für das Sitzen gibt, wird dem Übenden aufgetragen, „über Farbe, Form und die verschiedenen Teile der Rose" zu meditieren. Dieses *über*[47] – wo immer es gebraucht wird – zeigt an, daß es sich nicht um wirkliche Meditation handeln kann, sondern (wenn wir unsere eigene Unterscheidung[48] aufnehmen dürfen) um Besinnung.

Der Auftrag zum Anfang des nächsten Satzes „Denke auch an die Rosengirlanden" – „denke an den Preis der Rosen": das alles zeigt wiederum, daß wir hier zu keiner echten Meditation angeleitet werden. Es ist leicht zu reden: „Jeder andere Gedanke ... muß ausgeschaltet werden." Doch auf die Frage, wie man das tun könne, bleibt Sivananda die Antwort schuldig. Schließlich stellt er fest, durch dieses Verfahren „bereitet sich das Denken auf die abstrakte Meditation vor". Gewiß, man geht immer vom Konkreten zum Abstrakten weiter. Aber wieder ist es das Denken, das er im Blick hat. So können wir abschließend aussprechen: es handelt sich hier überhaupt nicht um eine Anleitung zur Meditation, vielmehr geht es nur um eine bestimmte Art von

Denkübungen. Sie mögen für sich auch nützlich sein, das leugnen wir nicht; aber sie halten nicht, was der Titel verspricht. Wir abendländischen Menschen verlangen eine genaue Unterscheidung und lassen uns mit ein paar Sanskritbegriffen (und mögen sie auch in die Hunderte gehen) nicht abspeisen.

3. Seine deutschen Schüler

Die Qualität eines geistigen Lehrers, eines Gurus, wird an seinen Schülern erkannt: welche er ablehnt, welche er annimmt, und wie die Angenommenen sich nachher bewähren. Was hier von Sivananda zu berichten ist, das ist nicht sehr erfreulich, jedenfalls nicht im Blick auf deutsche Schüler. Aber es muß mitgeteilt werden, weil in ihm deutlich wird, wie das Erbe des wahren Gurutums vertan werden kann.

Da ist zunächst von einer Frau zu sprechen. Ihr Name braucht nicht genannt zu werden, denn ihr Versuch, in Deutschland einen Ashram zu gründen, ist fehlgeschlagen. Man stelle sich vor: eine Hausfrau und Mutter läßt Mann und Kind im Stich und geht nach Indien zu Sivananda! Während der echte Guru nur Schüler annimmt, die nachweisen, daß ihre Angehörigen versorgt sind, stellt Sivananda in dieser Hinsicht keine Ansprüche. Er nimmt sie auf, gibt ihr die Einweihung und dazu einen indischen Namen, der noch den seinen mit enthält. Sie hat in einer Schrift *Der Ruf*[49] mit dem Untertitel *Eine moderne Pilgerfahrt nach Indien auf persönliche Einladung zu dem heiligen, weisen und großen Yogi Sri Swami Sivananda Saraswati* ihre Hinreise sowie ihr indisches Erleben erzählt. Über die Rückreise, und wie diese bezahlt wurde, darüber schweigt die Schrift. Ein Bild zeigt sie mit Sivananda und der Unterschrift als *Meister-Schülerin* Sivanandas. Der Schrift ist ein Vorwort Sivanandas vorangestellt, das in deutscher Übersetzung und englischem Original abgebildet ist.

Diese deutsche Frau weilte fünf Monate bei Sivananda in seiner *Yoga Vedanta Forest University* (*University* heißt Universität!). Nachdem Sivananda ihr die Einweihung gegeben, nennt er als ihren Auftrag, einen Ashram zu gründen, „der ein geistiges Zentrum für den Westen werden sollte“. Sie führt fort: „Der Guru wollte durch ‚mich‘ arbeiten und diesem neuen Kind seiner geistigen Größe, dem Sivananda Ashram in Deutschland, seine Lehrmethode und geistige Führung übermitteln“ (127). Doch dieses Kind wurde eine Mißgeburt, und der große Guru des Ostens scheint es schließlich selbst gemerkt zu haben. Aber wie peinlich für ihn, daß er überhaupt so weit mitgegangen ist! Das beweist, daß er wahre Erkenntnis und Unterscheidung der Geister nicht mehr besitzt.

Die Stimmen, von denen die genannte Schrift berichtet, verweisen diese ganze Angelegenheit in den Bereich der Psychiatrie. Oder wie beurteilt der kundige Leser so etwas? Als sie in der Küche ihrer Familie das Essen bereitete, da – doch hören wir ihre eigene Aussage wortgetreu: „Das Wasser aus der Leitung sprach zu mir. Stimmen waren im Raum um mich und in mir. Ich zählte sie, zwölf waren es.“ (15)

Auch ohne diese kleine Probe setzt der Leser hinter die ganze Schrift bald ein Fragezeichen. Nicht nur, weil sie mit der Zeichensetzung auf Kriegsfuß steht und dem Leser eine übergroße Anzahl von Druckfehlern zumutet, sie schreibt auch die meisten englischen und indischen Namen und Fachausdrücke falsch. Zudem ist der deutsche Ausdruck dem Gegenstand nicht angemessen.

Was bei dieser Frau schon auffiel, das zeigt sich auch bei dem Mann, dem wir uns nunmehr zuwenden: es ist ein Zug von hypomanischer Grundhaltung, eine Art, die Dinge aufzufassen, als ob die ganze Welt nur im Sonnenschein läge. Es wäre zu untersuchen, was für Menschen sich überhaupt zu Sivananda hingezogen fühlen, ob es nicht stets Menschen dieser Seelenhaltung seien, so daß also die Philosophie des Advaita nur die begriffliche Kleidung für ihre hypomanische Seelenhaltung abgäbe, so daß sie sich also überhaupt nicht wandeln müssen, sondern vielmehr die Schwäche, die ihnen eignet, noch steigern, auf jeden Fall aber kultivieren dürfen!

In dem Buch *Indien / Geheimnis und Mysterium* von *Swami Svarupananda*[50] haben wir ein Dokument vor uns, das in dieser

Art wohl zum ersten Mal in deutscher Sprache vorgelegt wird. Der Kundige versteht es als hinduistisch gedacht und entworfen, nur in deutscher Sprache ausgesprochen. Daher rühren vielleicht auch die zahlreichen Sprachfehler. Das gibt es also: ein Fremder – ein Deutscher – geht (obgleich nur als Gast in Indien weilend) so sehr in das Wesen des Hinduismus hinein, daß er sich selbst in ihm verliert, bis in die Sprache greifbar verliert. Was uns hier entgegentritt, ist bezeichnend hinduistisch gedachtes Deutsch.

Dies ist der Weg des Verfassers: er setzt alles, was er hat – er war Journalist –, ein, um das seit langem ersehnte große Erlebnis Indien zu haben. Die Hin- und Rückfahrt bezahlt er selber; doch während seines Aufenthaltes in Sivanandas Ashram ist er Gast. Am Siva-Ratri-Tag erhält er die Einweihung in den Mönchsorden der Sannyasi. Das Herzstück der Einweihung darf er Fremden nicht mitteilen. Was er aber hier wie auch sonst weitergibt, verrät eine solche Redseligkeit, um nicht zu sagen Geschwätzigkeit – sie ist mir aus Indien nur zu gut bekannt –, daß ich nicht anders kann, als an der geistigen Wirklichkeit der Einweihung zu zweifeln, nicht an der Zeremonie, aber an der Wirklichkeit des durch die Zeremonie Gemeinten, daß sie ihn nämlich wesenhaft gewandelt habe. Denn unser Eingeweihter betätigt sich stets als Vielredner. Ob er von sich redet oder vom Reinen Sein, das sich in indischen wie anderen Göttergestalten darstelle – es ist ein schäumender Strom heller Beredsamkeit, der aber nur die Oberfläche der Dinge berührt.

In diesem Licht erscheint nun auch Sivananda. Sehen wir uns diese Hindu-Gestalt an, wie sie mit den Augen Svarupanandas gesehen erscheint! Der Verfasser gibt einen Brief wieder, der mit den Worten schließt: „Ihre Reise nach Indien wird viel dazu beitragen, um Ihrem Volk Gutes zu erweisen. Ich werde Sie führen. Mit Empfehlungen, Liebe und Om. Ihr eigenes Selbst! Sivananda.“ (17) Im Ashram verzeichnet der Deutsche staunend: „Seine Heiligkeit errät Gedanken und Wünsche. Er ist kein normaler Mensch, sondern ein Übermensch.“ (56) Er nennt seinen Guru Sivananda abgekürzt *Siva,* nennt ihn also mit dem Namen des Hindu-Gottes. „Siva strahlt, wenn er Sympathie und Glauben spürt, Liebe und Selbstlosigkeit aus“ (57). Sivanandas Größe zeige sich darin, daß er es nicht nötig habe, in der Welt umherzureisen: die seinen Rat suchen, kommen zu ihm (119). Wir sind diesem Hinweis schon einmal begegnet, er scheint zum üblichen Propagandamaterial zu gehören. Wie weltumfassend Sivananda ist, läßt sich auch daraus ermessen, daß er alles verehrt, was göttlicher Gestalt ist: „Sivananda singt mit wohllautender Stimme Verehrung dem König aller Könige, Jesus Christus! Anbetung dem Heiligen Dattatreya! Verbeugung vor Herrn Buddha, dem Erhabenen Herrn!" (247)

Dann aber wieder verzeichnet der deutsche „Swami" (und wir spüren deutlich seine Enttäuschung) – er verzeichnet, was uns doch auch wieder bedenklich werden läßt gegenüber Sivanandas Gurutum, was ihn vielmehr als modernen Manager zeigt: „Sivananda ist zu weit entfernt, um mir zu helfen. Er ist zu beschäftigt. Er ist ein Erwecker der Massen." (108) Und wieder: „Er ist zu beschäftigt, um einen persönlichen Kontakt mit jedem Schüler zu ermöglichen. Er ist ein Lehrer der Massen, des Volkes und der Völker. Viele Menschen aber brauchen einen Guru, der sich ausschließlich um wenige Chelas kümmert. Er ist mehr ein Papst als ein vertrauter Freund. Er ist zu weit weg. Er hat zu viele Verpflichtungen." (123) Damit hat der Deutsche unserer Tage bestätigt, was der Asienreisende v. Veltheim-Ostrau vor einiger Zeit bereits niedergeschrieben: daß Sivananda nicht mehr als echter Guru anzusprechen sei.

Das Schwärmerisch-Unechte des Buches zeigt sich auch in dem wiederholten, kindlich-naiven Ausplaudern der eigenen Lebensaufgabe: „Was Vivekananda für Ramakrishna gewesen ist in Amerika und England vor fünfzig Jahren, das werde ich für ihn in Europa versuchen" (174). Einmal spricht Sivananda zu ihm: „Geh zurück nach Deutschland und predige die vedische Weisheit! Verkünde die Schönheit aller Religionen, die Einheit der Konfessionen und die Notwendigkeit vieler Wege zum EINEN HERRN!" (194) Wiederholt läßt er sich von Hindus die Zukunft wahrsagen und Anweisungen für sein künftiges Wirken in Deutschland erteilen.

Wir könnten den Leser noch viele Seiten hindurch unterhalten (oder langweilen) mit Svarupanandas Berichten über seine Gesichte, wie er oft in Trance fällt. Wer sich durch seine Redseligkeit nicht stören läßt, wird andererseits in seinem Buch aber zahlreiche Einzelbeobachtungen finden, die zeigen, wie er doch unter den vielen Sadhus, denen er begegnet, die unechten zu erkennen vermag. In dieser Hinsicht birgt das Buch Werte: es zeigt mannigfache Gestalten des modernen Hinduismus und beschreibt, wie sich heutzutage die überlieferte Religion im Alltag darstellt. An die dreißig Mal erwähnt es das Wort *Guru*, meist im Blick auf Sivananda, doch tragen diese Bemerkungen grundsätzlich nichts Neues mehr zur Erkenntnis der Guru-Gestalt bei.

Bei allem Enttäuschenden des Buches hätte der Verfasser uns einen wichtigen Dienst geleistet, wenn er wenigstens genau beschrieben hätte, wie Sivananda ihm das Meditieren beibrachte. Wir haben zwar sein, Sivanandas Buch über Konzentration und Meditation; aber uns wäre wichtig zu hören, wie er diese Dinge nun praktisch vollzieht, wie er einen Fremden in diese Übungen einführt. Hier erlebt der Leser wohl seine größte Enttäuschung: das Buch bleibt ihm die Antwort auf diese Frage schuldig. Dabei gehört solche Anleitung nicht zu den Geheimnissen der Einweihung, die nicht weiter erzählt werden dürfen! Ich habe die wichtigsten Stellen zusammengetragen, in denen – wenn auch nur andeutungsweise – von Meditation gesprochen wird, und biete sie hier in einem gewissen Zusammenhang dar:

Zunächst gelte es, eine gewisse entspannte Haltung zu gewinnen. So schreibt der Reisende auf dem Dampfer nieder: „Auf Deck liegen und Wasser, Himmel oder arabische Küste beschauen, ist fast eine Art Meditation. Sammlung, Gebet und gedankenloses Sinnen fließen ineinander wie Milch und Butter, wie Butter und Sahne“ (38). Schon diese eine Stelle ist bezeichnend für die impressionistische Art des Stils wie für die geistige Unklarheit, die das ganze Buch durchzieht. Zur Vorbereitung auf die Meditation empfiehlt er Japam, das Anrufen heiliger Namen in einem gewissen eintönigen Singsang. „Ich beginne diesen Tag mit zwei Stunden Japam im Devi-Tempel. Nach dieser Vorbereitung versinke ich in tiefe Meditation“ (112). Einem Hindu gibt er die Anweisung: „Sogar Fortgeschrittene, die jahrelang meditieren, können sich nicht sammeln auf einen einzigartigen Punkt, um die fortwährend kreisenden Ideen auszuschalten. Darum sei es besser, Gebet und Japam halblaut einzuflechten oder damit zu beginnen." (180) „Das laute Singen und monotone Wiederholen im Rhythmus zwingen den Geist zur Konzentration. Einmal gefestigt, ist es leicht, zur Meditation überzugleiten." (183)

Wie stehen nun Konzentration und Meditation zueinander? Der Verfasser überrascht durch eine Unterscheidung, die wir ihm unmöglich abnehmen können: „Konzentration ist Sammlung auf einen Punkt, auf einen Gedanken oder auf eine Idee, Meditation dasselbe, aber auf heilige, erhabene Dinge unter Ausschluß weltlicher Dinge" (107). Damit ist alles verwirrt, was ich in meiner Anleitung zur Meditation als Denk- und Erlebnis-Bewußtsein, was ich ferner als Sinnen, Betrachten und Innern unterschieden habe. Wer so verfährt, wie es dort bei Sivananda zu geschehen scheint, der vernebelt die Landschaft der menschlichen Seele. Hier müssen wir auf saubere Unterscheidungen dringen!

Nach diesem Buche sei Meditation gleich *Versenkung*. So wird auch dieses Wort gelegentlich gebraucht: „Versenkung. Was man empfindet, läßt sich nicht mehr in Worte formen. Es übersteigt den Rahmen irdischer Begriffe." (84) Wie geschieht solches Meditieren, das gleich Versenkung ist (und diese Gleichung halten wir für richtig!)? „Ich lasse mich fallen in die Unendlichkeit des ‚raumlosen Raumes'. Keine systematische Technik, keine Verkrampfung, keinen Intellekt." (225) Und davor stellt er die Aussage: „Beim Meditieren wende ich jetzt seine gewaltlose Methode an" – „seine", d. h. die eines anderen Hindu, dem er gerade begegnet ist, der ihm also etwas beigebracht zu haben scheint, was er bei Sivananda nicht gelernt hat. Wie hier alles durcheinanderwirbelt: Gebet – Unbewußtes – Meditation, das zeigt diese Aussage: „Wir versinken in tiefes Gebet. Wir haben die Augen geschlossen und fallen hinab ins Unbewußte. Selten war meine Meditation so tief und lang. Es ist, als ob Lord Siva leise lächle." (196) Also ein völliges Durcheinander! Dazu noch ein impressionistischer Tupfer in religiöser Sprache, der zur Sache nichts beiträgt, nämlich das Lächeln von Lord Siva.

Einmal kommt es darauf an, daß Meditation „gesteigert"

werde zu „Gedankenleere“ (108); dann wieder heißt es: „Meditation ist ständige Erinnerung an den Schöpfer“ (222); schließlich scheint sie ein parapsychologischer Kunstgriff zu sein: „Wenn ich meditiere, brauche ich nur an eine Person zu denken. Kurz darauf erscheint sie entweder persönlich oder in Lichtgestalt vor mir.“ (326) Also das alles ist unter dem Allerweltsbegriff *Meditation* möglich: Gedankenleere – Erinnerung an den Schöpfer – gedankliches Herbeirufen und Erscheinen einer Person. Welch ein Durcheinander![51]

Zweiter Teil

Europäer in der Begegnung mit indischen Gurus

Vorbemerkung

Vielgestaltig wie die ganze Menschenwelt sind auch die Begegnungen der Menschen miteinander. So zeichnen wir – ihren Büchern folgend – drei Europäer in ihren Begegnungen mit indischen Gurus nach: die Französin Lizelle Reymond, den Österreicher Walther Eidlitz und den Deutschen Hans-Ulrich Rieker. Die Frau erfährt wie zufällig von Gurus; der österreichische Schriftsteller sucht und findet den Guru, aber was er erlebt hat, gibt er vornehmlich auf literarischem Wege weiter; der Deutsche endlich sucht, findet und wirkt selber als Lebensberater, dient also mit der empfangenen Gabe des Ostens im Westen den Suchenden. In dieser Reihenfolge scheint eine Steigerung zu liegen, die nun endlich zeigt, wie abendländische Menschen am seelischen und geistigen Reichtum des Guru teilhaben können, nachdem wir im Lebenskreis Sivanandas die andere Möglichkeit kennengelernt haben. Gemeinsam haben aber alle drei, daß sie das wirkliche Christentum als Christus-Nachfolge und weltüberwindende Bruderschaft der Liebe nicht kennengelernt zu haben scheinen. Auch dies ist ein Zeichen unserer Zeit!

VII

Die Französin Lizelle Reymond[52]

1. Indische Erfahrungen

Mit untrüglichem Spürsinn die richtige Einstellung wählend, ist Lizelle Reymond ihrem neuen Leben in einem Brahmanenhaus entgegengegangen. Sie hat sich vorgenommen, „niemals zu denken *wieso* und *warum*, sondern das Unbekannte anzunehmen ..." (18) Wie richtig sie darin getan hatte, erfuhr sie später, als ihr gesagt wurde: die abendländischen Frauen, denen man in Indien begegnet, „fragen immer *warum?* Nun gibt es aber kein *warum.*" Wieso gibt es kein Warum? Die Antwort verblüfft, denn sie weist auf die Natur, auf den nicht-personhaften Bereich der Wirklichkeit: „Die Erde fragt den Wind nicht. Sie fängt ihn auf, nährt das Samenkorn, das der Wind ihr bringt. Die Samen werden zu Gräsern und Bäumen, denen die Erde das Wesentliche gibt. Das ist das ganze Geheimnis." (29)

Worauf kommt es also an? „Zu *sein* statt zu wissen" (27). Was hindert jedoch daran, an diesem Sein teilzuhaben? Das Hindernde zeigt sich leibhaftig in Spannungen und Verspannungen der Muskulatur. Und nun meinen wir, uns in der Behandlung eines Psychotherapeuten zu befinden, so modern und praktisch-hilfreich lauten die Auskünfte: durch Massieren werde der Gast lernen, „Müdigkeit, Gereiztheit und Überspannung wegzunehmen – und Ärger, Angst und schlechte Laune, die in den Muskeln sitzt, zu lösen" (26). Wenn der abendländische Mensch jedoch seine Spannungen aufgeben soll, so muß er auch auf seinen bewußten Willen verzichten, muß er sich wehrlos machen. Das ist, als ob er sich fallen lassen solle, ohne zu wissen, wohin er fallen werde. Auf diese Sorge wird geantwortet: „Lassen Sie sich ruhig fallen wie ein Adler, der seine Flügel über dem Abgrund öffnet. Er denkt nicht, daß er fliegt, aber er fühlt, daß er fliegt.“ (31)

Wie wesenhaft in diesem inneren Bereich des Hinduismus das Sein erlebt wird, zeigt der Hinweis, daß der eingeweihte Hindu bereits an der Haltung, an der Gebärde wie am Gang erkennt, was den Menschen erfüllt und bewegt. Wie Lizelle Reymond diese Einsicht aufgeht, beginnt sie zu beobachten und stellt mit Erstaunen fest, daß in der Tat die innere Haltung bis in den Gang des Atems und den Klang der Stimme zu erspüren ist. Sie muß sich sagen lassen: „Wenn Sie gehen, hat man das Gefühl, daß Ihre Fersen tot sind. Ich glaube, Sie tun der Erde weh damit.“ (45) Auf ihre Frage, wie man denn nun zu gehen habe, wird ihr die Antwort: „Wenn man geht, muß man daran denken, kein Gewicht zu haben, und sich um die Wirbelsäule zusammenziehen, damit man aufrecht und biegsam wie eine aufsteigende Flamme ist, denn sonst ziehen einen Dummheit und Unwissenheit, die am Boden kriechen, zu sich hinunter. Sie sind wie Lianen und wickeln sich um die Knöchel.“ (46) Ihr wird als Fernziel aufgegeben: „Ändern Sie Ihre Bewußtseins-Ebene, dann ist die Zeit nur noch das Bett der Erfahrung ...“ So lernte sie zu sagen: „*Atcha!* Das magische Wort, das nicht bejaht und nicht verwirft, sondern einfach *ich bin da* heißt“ (43). Diese Dinge erscheinen zunächst so einfach. Doch – „es ist leicht, einen Versuch zu machen – aber zu erreichen, daß es gelingt, ist schwer, denn immer werden tausend Raben zu krächzen und zu flattern anfangen“ (67).

Es komme also darauf an, die Denkmaschine abzustellen. Dann erst sei der Mensch dazu bereitet, daß er fühle, „wie die Bewegungen ganz aus sich selber kommen“, denn nun stehe ihnen kein falscher Wille mehr entgegen (45). Der Gast wird aufgefordert, mit diesen Bemühungen zu beginnen. Auf die Frage, was dann mit dem Übenden geschehe, wird geantwortet: „Sie werden so ruhig wie ein Gebirgssee sein, anstatt auf alle Einflüsse zu reagieren wie die immer bewegliche Flut, die ohne Unterlaß gegen das Ufer geworfen wird und jeder Anziehungskraft gehorcht. Sie wären Ihrem wahren Ich schon viel näher. Das wäre ein kleiner Anfang." (45) Dadurch werde der Mensch zu einer neuen Art von Wachsamkeit angeregt, damit „das spontane, urwüchsige Wesen" geweckt werde, das ihm vor Zeiten einmal zu eigen war (45). Lizelle Reymond hat davon etwas erfahren, so daß sie später bekennen kann: „Das alles schuf in mir einen Zustand des Seins, dessen Beglückung ich erst jetzt kennenlernte, und der in der Folge meine äußere Haltung, meinen Gesichtsausdruck und die Haltung meiner Hände bestimmen sollte" (69).

Sie erstaunt immer wieder, wie langsam ihr die Geheimnisse indischen Seelen- und Geisteslebens aufgetan werden. So fragt sie einmal: „Warum verbirgt Indien seine Denktechnik?" Und sie empfängt die Antwort: „Es verbirgt gar nichts. Es handelt sich da nicht um eine Sache, die man erlernt, sondern um eine Sache, die man erlebt. Sie haben es zu eilig. Indiens Rhythmus ist derjenige eines Ochsenkarrens nahe am Erdboden, und Sie wünschen ihn so schnell wie den Blitz am Himmel." (110)

2. Der Mantra

In dem Buch von Lizelle Reymond wird zwar nirgendwo erschöpfend und allseitig davon gesprochen, aber an mehreren Stellen werden doch entscheidende Aussagen gemacht und Beobachtungen zusammengetragen, so daß wir der Frage nach dem Mantra und darüber hinaus dem gesprochenen Wort als einem Weg meditativer Bemühung eine gesonderte Darstellung widmen wollen.

Zunächst läßt die Europäerin sich erzählen, wie Pilger während einer 14 Tage währenden Fußwanderung ohne Sänfte und Träger – es waren reiche Pilger, die auf diese Weise zu Fuß dahinzogen! –: wie diese Pilger, die zu Fuß gingen, um unter ihren blutenden Füßen die Erde zu spüren, „dauernd den Lebensmantra *Jai Kedar Nath* sprachen" (67).

Was ist das für ein Wort, was ist das für eine Wortgruppe, allgemein: welche Qualität hat hier das Wort, daß es solche Wirkung ausüben kann? Es lebe, so erklärt ein Eingewihter der Europäerin, „ganz allein durch seine eigene Vibration" (129). Damit kann aber nichts Akustisches gemeint sein; diese Aussage muß vielmehr auf den Geistgehalt der Wortverbindung zielen und setzt den Glauben des Übenden, dessen, der den Mantra ausruft, voraus. Solch ein Mantra kann man sich nicht selber aussuchen oder zurechtmachen: nur der Guru gibt es, er verleiht es, und zwar bei der Einweihung. Merkwürdig bleibt, daß das Mantra einen (magischen oder metaphysischen) Zwang ausüben solle, denn es heißt einmal, der Guru habe ein Mantra gegeben, „das die Göttliche Mutter mit der Zeit dazu zwang, sich zu offenbaren“ (157).

Von einer Witwe wird aus der alten Zeit zu Anfang unseres Jahrhunderts, da die Witwen es noch sehr schwer hatten, berichtet, sie habe die überlieferte Disziplin in ihrer ganzen Härte auf sich genommen. Dabei habe, so heißt es, der Mantra ihr gute Hilfe geleistet: „Lange Zeit hatte man sie morgens und abends mit straffem Körper meditieren sehen, während die Tränen über ihre Wangen rannen. Ihre Lippen wiederholten den reinigenden Mantra, während der Rosenkranz durch ihre Finger glitt“ (90).

An einer brahmanischen Frau erfährt die Europäerin, wie ein Mantra geübt wird. Die Inderin sagte zu ihr: „Der Heilige Name ist mein Leben. Er lebt in meinem Körper, in meinem Herzen, in meinem Geist. Er wächst in mir an wie ein Strom, der alles auf seinem Wege mitreißt. So wird er der Allmächtige selber, und alles verwischt sich.“ ... Sie, die Inderin, habe, so berichtet die Europäerin, nicht zu Ende gesprochen, sondern den Gast mit sich gezogen, dem Hause zu, während sie mit strahlendem Gesicht nicht aufhörte, ihr *Ram-Ram-Ram-Sita-Ram* zu sagen (71).

Ein andermal begleitete Lizelle Reymond die Brahmanin zu einer religiösen Zusammenkunft, bei der, auf dem flachen Dache des Hauses eines reichen Bürgers sitzend, ein heiliger Mann vor Frauen das Ramayana vortrug. „Jedesmal, wenn der Doppelname *Sita-Ram* erklang, verursachte das doppelte A, noch lang ausgedehnt durch das gesungene M, eine Vibration, die bis in die Brust hinabdrang.“ Als die Brahmanin sah, wie die Europäerin „vor Erregung mit den Augen blinzelte“, sprach sie leise zu ihr: „Didi, öffnen Sie sich! Lassen Sie den göttlichen *Ton* in sich eindringen – lassen Sie ihn auf der Zunge zergehen, bis er Ihnen ganz gehört, tief im Innersten, bis er es ist, der Sie trägt." Und Lizelle Reymond fährt fort, die Szene eindrücklich beschreibend: „Ich sah sie an. Sie saß vollkommen unbeweglich da, und ihr ganzer Körper schien das, was vorging, aufzunehmen, in einer unergründlich würdevollen Haltung, die andeutete, wie sehr sie sich dem Urton hingab und von ihm erquickt wurde. Sie lächelte mich an, nahm meine Hand und legte sie an ihre rechte Seite unterhalb ihrer Brust: ‚Da, da lebt es', murmelte sie, ‚gesegnet sei der heilige Name Gottes und sein Überbringer' ..." (69).

3. Bericht über einen Guru

Die Europäerin hat das Glück, einem Mann zu begegnen, der ihr zeigen kann, was ein Guru bedeutet – *Rishida.* Sie hat seine Geschichte stückweise zusammengetragen und dann als ein Ganzes aufgezeichnet. Wir folgen ihrer Darstellung:

Erschütternd das Bekenntnis Rishidas! „Hunderttausend Sucher machen sich auf den Weg – aber nur einer wird vielleicht das Ziel erreichen" (137). Mit dreizehn Jahren überfiel ihn der Gedanke, Sadhu zu werden. Er suchte und fand seinen Guru, aber in Assam. Dort hatte er sich niedergelassen, um sumpfiges Land urbar zu machen. Er ist also eine sehr moderne Gestalt des Guru: er verbindet praktisch-soziales Handeln mit einem Leben im Geist.

Als Rishida seine Einweihung erhielt, mußte er, wie üblich, zuvor sein eigenes Leichenbegängnis feiern. „Nur der Glaube blieb übrig – der Glaube an den Guru, der Glaube an die Macht, der Glaube an das Wesen – an Denjenigen, der reines Wissen ist" (139). Und wie verlief sein Leben? „Vierzehn Jahre hindurch legte mir der Guru anstrengende Arbeit im Verborgenen auf: keine Nachricht von außen – kein Briefwechsel; Bäume fällen, Kanäle graben, Ziegelsteine machen, Häuser bauen, damit war der Tag ausgefüllt; abends Philosophie und Sanskritlehre; ein peinlich genau kontrolliertes, inneres Leben führen – eine stufenweise Besitzergreifung des wirklichen Seins bei mechanischer Funktion eines freiwilligen Gehorsams" (139).

In einem eigenen Kapitel berichtet Lizelle Reymond dann von Rishidas Guru. Er war von Sadhu zu Sadhu gezogen, ohne zu finden, was er suchte. Dann traf er auf *Bema Kepa*, einen der großen Gurus, so heißt es, des letzten Jahrhunderts. Der gab ihm die Einweihung; aber Rishida fand auch bei ihm nicht, was er suchte. Dann begegnete er einem Guru aus Radschputana, der lehrte ihn, wie man das Reine Sein, den Reinen Geist, die Reine Freude, wie man *Sat-Chit-Ananda* erreichen könne. Diesem Guru folgte er auf seinen Pilgerfahrten drei Jahre lang. Die Disziplin dieses Gurus, so wird berichtet, ließ nicht die geringste Bindung mehr zu. Nach drei Jahren befahl er eines Tages Rishida, er solle ihn verlassen. „Du hast", so sprach er, „bei mir Brahman mit deinem Kopf kennengelernt, aber noch nicht mit deinem Körper und deinem Herzen. Geh' allein weiter! Du wirst einem Meister begegnen, der dich lehren wird, was du wissen mußt!" (142)

So tat er auch, und so geschah es ihm. Eines Nachts mußte er im Dschungel auf einem Baum übernachten. Am Morgen sah er unter dem Baum einen Sadhu in Meditation sitzen. Dieser sprach zu ihm: „Ich erwarte dich, komm mit mir in meinen Ashram" (142). In diesem Ashram begegnete er *Sumerdas;* der führte ihn in die Yoga-Disziplin, die sich auf den Körper und die Sinne bezieht, ein. Später zog er allein seines Weges und wurde Einsiedler. Aber auch dies war noch nicht die letzte Stufe, sondern darauf folgte eine Zeit gemeinsamen Lebens mit anderen: Holzfäller hatten ihn zur Familie eines Brahmanen mitgenommen, und dort hatte Rishida ihn kennengelernt.

Bezeichnend für die wesenhafte Rede ist die Art, wie Rishida auf die Frage nach der Philosophie seines Guru antwortete. Er stellte eine Gegenfrage: „Was suchst du selbst eigentlich? Weißt du es? Auf welcher Stufe befindest du dich? Deine Frage hat nur Wert, wenn du dir Rechenschaft darüber ablegst, wo du stehst" (143).

Über den geistigen Weg hat Rishida dieses gesagt: „Die erste Etappe auf dem Wege ist das Gelöbnis des Brahmacharya oder

der Enthaltsamkeit. Das Brahmacharya ist ein Isolierungsgebiet, das derjenige, der sich auf den Weg macht, zwischen allen seinen Bestrebungen, Wünschen und instinktiven Reaktionen frei bestimmt, und das ihm dann zur Entdeckung der zahlreichen *Ich* seiner Natur verhilft. Während der zweiten Etappe muß er ein Ich nach dem anderen vor dem Guru bloßlegen, der für ihn vorübergehend die feste Erde, den feststehenden Punkt und den Gleichgewichtsmesser bedeutet. Diese *Ich* werden allmählich eins durch die Yoga-Übungen des Guru. Die dritte Etappe ist die Projektion dieser vereinigten *Ich* in das allernächste Universum, das sich in genau der gleichen Verbindung ergibt, die sich zwischen zwei festgelegten Punkten durch Disziplin und Bemühen herstellt. Jedesmal, wenn der Schüler sich dieser Verbindung bewußt wird, auf welchem Verständnisniveau er sich auch immer befinden mag, vollzieht sich eine Umwandlung und Erhöhung seines Wesens. Er lebt (im wahrsten Sinne) und legt die Knechtschaft *des Namens und der Form* ab." (143f.)

Dann erzählte Rishida noch von einem Mann, der ihm ein hohes Vorbild wurde: *Juggal Kishor.* Dieser war als Kuli in den Teeplantagen in Assam tätig gewesen und hatte ein Leben wie das eines Sklaven geführt. Nach fünfzehn schweren Jahren starb seine Frau, bald darauf auch sein Sohn. So war er ganz allein und lernte die Einsamkeit zu ertragen. Es gelang ihm, aus jener Abhängigkeit der schweren Arbeit frei zu werden und mit Schicksalsgefährten eine Kolonie unabhängiger Arbeiter zu gründen.

Eines Tages nahm ihn ein Bettelmönch mit in einen Ashram, damit er an den Bhajans, den religiösen Gesängen, teilhabe. Schließlich bat er, im Ashram bleiben zu dürfen. Man war an diesem Mann um seiner geschickten Hand willen sehr froh. Dieser merkwürdige Mensch ging im Ashram durch schwere Krisen, entfernte sich auch zweimal und hatte besondere Erlebnisse. Schließlich vertraute er sich dem Leiter des Ashrams an. Dieser eröffnete dann den anderen Mitgliedern, *Juggal Kishor* habe das höchste Ziel erreicht. „Er ist durch alle *samadhis* (Ekstasen) hindurchgegangen. Unter euch allen, Sannyasins und Brahmacharins, reicht niemand an ihn heran. Er ist ein Heiliger. Er hat auf dem Wege der Intuition die Lehre und das Gesetz verwirklicht." (146)

Bis an sein Lebensende ist Juggal Kishor ein Schweigender geblieben, „aber sein Schweigen ist für uns eine Quelle der Erkenntnis geworden" (146).

Schweigen – wir sprechen dieses hohe Wort rasch aus und meinen zu wissen, was es bedeutet. Lizelle Reymond hat aufgezeichnet, wie ihr – wohl zum ersten Mal – jenes besondere Schweigen begegnete, wie es sie ergriff, jenes Schweigen, das den Eingang zu höheren Erfahrungen bedeutet.

Sie wird mitgenommen, um einen durchreisenden Sadhu – *Sri Satyakama* – kennenzulernen. Hören wir ihren Bericht!

„Auf der Veranda war ein Teppich ausgebreitet. Wir setzten uns darauf nieder, die beiden Männer gegen die Mauer des Hauses und ich mit dem Rücken gegen die Holzbalustrade. Ich erwartete, daß Pandiji sprechen würde – aber er tat es nicht. Ein seltsames, sehr eindrucksvolles Schweigen umfing uns. Die Dinge rings herum bekamen für mich ein anderes Gesicht.

Ich bemerkte eine Traube, die am Spalier hing. ‚Sieh da', sagte ich zu mir, ‚sie wird nicht Zeit genug haben, um vor der Regenperiode zu reifen.' Zwei Marienkäfer kletterten mühevoll am Pfosten der Balustrade hinauf und kehrten auf ihrer Spur zurück. Ich folgte ihnen mechanisch mit den Augen. Aber in dem selben Moment fühlte ich den Blick von Sri Satyakama auf mir ruhen. Ich sah ihn an – aber er betrachtete auch die Marienkäferchen.

Endlich wurde das Schweigen lastend, es drückte wie ein schwerer Mantel auf meine Schultern. Unangenehmes Gefühl der Zeit ohne Maß. Zwischenakt. Eindruck, als ob ich nicht mehr weiß, welche Rolle ich spiele. Fluchtgedanken. Rücken und Nacken werden allmählich steif ... Die mich umgebenden Sachen nehmen eine unsinnige Wichtigkeit an: eine hervortretende Fliese, eine zerbrochene Kachel, eine abgeblätterte Wand. Wird es noch lange dauern?

Und dann war plötzlich Entspannung in der Luft und gleichzeitig im Denken – eine Entspannung in den Muskeln, in den Pflanzen, in den Bäumen, im Schatten. Meine Atmung wurde unhörbar, mein Körper geschmeidig und leicht wie eine Feder, er schien mir angefüllt mit einem Bewußtsein, das von Herzen kam.

Zwei bis drei Stunden gingen vorüber. Die Nacht war gekommen mit ihren Sternen und Grillen. In einem bestimmten Augenblick sah ich, wie Pandiji sich vor Sri Satyakama verneigte und dieser seine Hände auf sein Haupt legte. Ich verneigte mich auch, um Abschied zu nehmen, und fühlte seine Hände auf meinem Kopf. Wir gingen fort, ohne das Schweigen gebrochen zu haben.“ (111f.)

VIII
Der Österreicher Walther Eidlitz

1. Schri

Mit Walther Eidlitz hatte ich vor meiner Ausreise nach Indien Anfang 1935 im Briefwechsel gestanden. Dann war die Verbindung abgerissen. Als ich aber in der kurzen Zeit meiner Internierung im Herbst 1939 in Ahmednagar einmal für ein paar Tage im Lazarett des Lagers weilen mußte, wen entdeckte ich einen Tag vor meiner Entlassung? Es war Walther Eidlitz, den ich nun zum ersten Mal auch persönlich kennenlernte.

Ich kannte ihn als jenen Schriftsteller, der immer für eine gewisse Zeit in das Land reiste, wo das Buch spielen sollte, an dem er schrieb. Nach Indien aber hatte ihn ein inneres Verlangen geführt: er wurde der Schüler eines indischen Guru, dessen wirklichen Namen er allerdings nicht preisgegeben hat. Er hat ihn immer nur *Schri* genannt. Doch dieses Wort (auch *Sri* geschrieben) ist kein Name, sondern Ausdruck der Verehrung und wird als solcher vor den Namen eines jeden verehrungswürdigen Mannes gesetzt.

Es zog Eidlitz nicht von ungefähr nach Indien; er kam vielmehr als einer, der die Einweihung erlangen wollte. Von seinem Guru hatte er mir im Lager erzählt, er habe eines Tages seine Familie verlassen und sei in die Bergwelt im Norden Indiens gegangen. Niemand habe gewußt, wohin noch auf wie lange. Nach sieben Jahren, die er in der Einsamkeit der Berge zugebracht, sei er, ebenso still wie er gegangen, wieder zurückgekehrt. In diesen sieben Jahren des Schweigens und der Meditation habe er Kräfte gewonnen, die ihn zum Guru reifen ließen.

Wie wirkte dieser alte, ehrwürdige Brahmane auf den suchenden Menschen aus dem Westen? Eidlitz bekennt (wir folgen hier seinem Buch *Bhakta*[53]): „Schris Nähe und Gegenwart hatten mich reiner und stiller gemacht“ (12). Doch ehe der Guru den neuen Schüler näher an sich heranließ, wurde er sehr aufmerksam beobachtet. Man hatte ihn, in Nainital im Himalaya, in der Pension eines Parsen einquartiert. Dort erhielt er zwar das Essen noch nach westlicher Art zubereitet, aber im übrigen verlief das Leben in indischer Weise. Man beobachtete ihn aufmerksam, „denn Schri hatte mit einigen europäischen und amerikanischen Schülern nicht immer gute Erfahrungen gemacht“ (12). Das ist ehrlich und treffend bemerkt, und ich füge hinzu: es sind meist sehr fragwürdige Leute, die ihr abendländisches Erbe verlassen und nach Indien gehen, um dort in die Welt des Hinduismus einzutreten, um Hindu zu werden.

So beschreibt Eidlitz seinen Lehrer, dessen Kopf er auch den Lesern im Bilde zeigt: „Mit seinem langen silbergrauen Haar und Bart, Adlernase und mächtiger faltiger Stirn sah er wie Odin, der Ase aus der Edda, aus. Aber er lächelte sanft und heiter wie ein Kind.“ (13) Diesem Manne schenkte er sein Vertrauen, ihm legte er sein Leben dar, ihm vertraute er seine Sorge um Frau und Kind, die er in Wien zurückgelassen hatte, unter der Nazi-Herrschaft, die ihnen gefährlich werden konnte. Wie antwortete Schri auf diese Bekenntnisse? Er gab Eidlitz, was er als erstes brauchte – *Shanti*, Frieden, „göttlichen Frieden“ (13).

Seine Belehrung erhielt er dort in der friedevollen Landschaft am See Nainital, den er jeden Abend mit seinem Guru umwanderte. Dort saßen sie am Ufer des Sees und lasen die Bhagavadgita. Schri erschloß ihm den tieferen Sinn der Gita und nannte sie „das größte Einweihungsbuch der Geschichte aller Völker“ (17).

Zu diesen Gesprächen traten bestimmte Übungen. Eidlitz wurde angewiesen, sich Schri gegenüber zu setzen, in indischer Sitzstellung, auf einer Matte von Kuschagras und einem Rehfell. So saß er und blickte auf Schri. „Wie der Vater der Welt saß der alte Mann vor mir“ (21). So erlernte er vier Stufen der Meditation: „erstens das Sitzen, zweitens das Atmen, drittens das Sprechen, das mantrische Sprechen, viertens das Singen“ (22).

Immer wieder vollzog sich das gleiche, denn – wer meditieren will, muß zur Wiederholung bereit sein. „Mehr als hundert Mal bin ich seither Schri in der Meditation gegenüber gesessen. Da vergaß man, auf welchem Ort auf Erden man war.“ (23) Der Meditationsweg, den Eidlitz hier geführt wurde, ist der Weg des *Advaita*, der durch die Welt des Unterscheidbaren hindurch in das All-Eine, das Nicht-Unterscheidbare führt oder führen soll. So mußte er sich bemühen, den Bereich der Bilder, der äußeren wie inneren Bilder, hinter sich zu lassen und in das Jenseits aller Bilder einzudringen.

Kurz vor seiner Abreise nach Almora, als die Übung des Mantra-Singens zu einem gewissen Abschluß gekommen war, erhielt Eidlitz von Schri den neuen Namen *Vamandas*, d.h. Diener des *Vaman*, einer mythischen Gestalt der brahmanischen Überlieferung. Vor der Abreise erteilte Schri ihm auch noch das Schweigegebot. Was er auszusprechen habe, das solle er aufschreiben. So erfährt er: „Eine starke Kraft liegt in dem wahren innerlichen Schweigen. Schweigen der Seele, nicht nur des Mundes.“ (45)

Später widerfuhr Eidlitz die Freude, mit Schri in sein Haus nach Nasik zu ziehen „und dort als sein Schüler, als sein Sohn, mit ihm zu leben“ (49). Wie gern wäre Eidlitz zum Kailas gepilgert, jenem sagenhaften Berg, der das Ziel vieler Pilgerfahrten frommer Hindu bildet! Doch Schri schreibt ihm, es komme nicht auf den äußeren Berg Kailas an. „Den wahren Berg Kailas, der in der eigenen Seele liegt, den muß man zu erreichen suchen“ (57).

In Nasik wohnt Eidlitz in einem Raum, der unmittelbar neben Schris Meditationszimmer gelegen ist. „Nachts“, so schreibt Eidlitz, „steht die Tür, welche mein Schlafzimmer mit Schris Schlafzimmer verbindet, offen. Wenn ich um drei oder halb vier Uhr früh erwache, sehe ich stets, in immer neuer Rührung, wie der alte Mann im blauen Sternenlicht aufrecht in seinem Bette sitzt und meditiert, für die gequälte Menschheit meditiert.“ (62)

Dann brach der Krieg aus, und Eidlitz wurde von seinem Guru getrennt, wurde interniert. Die Zeit seiner Gefangenschaft dauerte etwa sechs Jahre. In seiner schlichten und darum so ergreifenden Weise erzählt er, welche Nöte er in dieser Umgebung weltlicher Menschen zu erleiden hatte, denn sie verstanden seinen Weg nicht. Doch hinter dem Stacheldraht fand er in seiner Not einen neuen Helfer, der ihm dann sein zweiter Guru wurde – *Sadananda*[54], mit seinem deutschen Namen Dr. phil. Ernst Georg Schulze.

Schri hatte ihn den Weg des Advaita gelehrt, den Weg ins Unpersönlich-Alleine gewiesen. Sadananda jedoch zeigte ihm den anderen Weg der *Bhakti,* der Liebe und der personhaften Gottheit. „So, wie es die Natur des Feuers ist, daß es brennt, so ist es die Natur der Menschenseele, daß sie liebt, Gott liebt“, sagt Sadananda (139).

Schri hatte gelehrt: Befreiung *(Mukti)* sei das Ziel des Lebens. Durch Sadananda jedoch empfängt Eidlitz die Erkenntnis, jene Sehnsucht nach Befreiung sei letztlich auch noch Selbstsucht. „Nicht *Mukti* oder Befreiung ist das letzte Ziel ... Spontane, motivlose Gottesliebe um der Liebe willen, das ist das höchste Menschenziel“ (190).

„Der Weg ist Liebe, das Ziel ist Liebe; immer größere, aus dem Herzen strömende Gottesliebe. So wie der Funken Zeugnis von dem Feuer abgibt dadurch, daß er brennt, so gibt die Seele Zeugnis von der Gottheit ab dadurch, daß sie liebt. Der Funken, das ist die einzelne Seele; das große Liebesfeuer, das ist Gott ...“ (140).

Sadananda führt Eidlitz Schritt für Schritt weiter, von der Erkenntnis zur Liebe. Auf dessen sehnsüchtiges Wort „o, ich möchte Gott schauen“ entgegnet Sadananda: „Es kommt nicht darauf an, daß Sie Gott schauen. Es kommt vielmehr darauf an, daß Gott Sie ansieht, daß er angezogen wird von der Schönheit und Reinheit Ihrer Sehnsucht nach liebender Hingabe“ (144).

Da Sadananda solche Bedeutung für Eidlitz erlangt hat, da er sein zweiter Guru geworden ist, fragen wir, wer er eigentlich sei, welchen Weg er gegangen, bis er dieser Guru werden konnte. Sein deutscher Name ist, wie schon erwähnt, Dr. Schulze. Er hatte in Leipzig vergleichende Religionswissenschaft studiert und Pali, Sanskrit, Tibetanisch, Chinesisch und Japanisch gelernt. Er hatte den philosophischen Doktorgrad erworben, und es schien, als läge eine zukunftsreiche Dozentenlaufbahn vor ihm. „Er aber warf alles hin, verschenkte, was er besaß, und ging nach Indien, um dort an den Quellen selber zu trinken und zu den Füßen eines Gurus, *Bhakti-Siddhanta Saraswatis*, zu sitzen" (148). Als Sadananda Eidlitz Bilder seines Lehrers zeigte, erschrak Eidlitz fast, „so ähnlich war eines dieser Bilder Sadananda selbst" (148). Was war Sadanandas Guru früher gewesen? Die Antwort überrascht: Professor für höhere Mathematik und Astronomie an einer Hochschule Bengalens. Eines Tages aber verließ er seinen Beruf, ging zu einem Einsiedler im Wald und bat ihn um die Einweihung. „Der Geisteslehrer, den er aufsuchte, war ein wandernder Asket, fast nackt, nur mit einem Lendenschurze bekleidet; er hieß *Gaura Kishora.*" Doch was geschah? Der Alte wies ihn ab. Doch der junge Professor ließ nicht ab zu bitten, bis der Alte ihn doch als Schüler annahm (147). –

Wie der wahre Gelehrte, so ist auch der echte Geistesmensch von Demut erfüllt. Als Eidlitz seinen Guru Sadananda bat, er möchte ihm doch die Einweihung in den Gottesnamen geben, erwiderte dieser: „Ich bin kein Guru. Meine Aufgabe ist diesmal nur, Menschen zu den Füßen meines Guru zu führen." (176) Dennoch wurde Sadananda für Eidlitz zum zweiten Guru. Vielleicht gehört dies zum ursprunghaft echten Guru, daß er keiner sein will, sondern seinen Schüler weiter weist. Er hilft ihm, er lehrt ihn, aber er bindet ihn nicht an sich, sondern weist ihn an einen höheren Guru, schließlich an den höchsten, an den Guru aller Gurus, an Gott selber.

Durch Sadananda wurde Eidlitz auf *Krishna Chaitanya* aufmerksam gemacht, den Erneuerer der Bhakti-Religion, dessen Wirkungen noch heute, nach 450 Jahren, in Nordindien zu spüren sind.

Bleibt zum Schluß noch die Frage, wie sich Schri dazu gestellt habe, daß Vamandas ihm gleichsam untreu geworden war. Schri

– ein Zeichen seiner inneren Größe! – billigte Eidlitzens Schritt. Schließlich konnte Schri in den sechs Jahren der Gefangenschaft ihm selbst nicht mehr helfen. Doch als Eidlitz freigelassen wurde, fuhr er zuerst zu Schri, der noch immer sein jahrelanges Schweigegelübde hielt (244). Die Verbundenheit mit Sadananda jedoch wirkte in der wissenschaftlich-literarischen Forschungs- und Übersetzungsarbeit fort, so daß wir sagen dürfen, er sei für Eidlitz der eigentliche Guru geworden. Eidlitz selber wurde aber nicht auf einen ähnlichen Weg geführt. So teilt er als Forscher und Schriftsteller aus dem Bereich seiner Forschungen mit und kann die Ergebnisse seiner Forschungen dem Leser durch eigene Erfahrungen aufschließen. Was er in seinen folgenden Büchern bietet, ist nicht Schreibtischwissenschaft, sondern Erkenntnis des Geistes.

3. Zusammenfassung über den Guru

Allseitige Belehrung über die Gestalt, über Wesen und Dienst des Guru erteilt Eidlitz dem Leser in seinem Buche *Der Glaube und die heiligen Schriften der Inder*[55].

Was bedeutet das Sanskrit-Wort *Guru* in sprachgeschichtlicher Hinsicht? Eidlitz gibt zunächst die ursprüngliche Bedeutung des Wortes an: „Schwer, überaus verehrungswürdig, im übertragenen Sinne: Geisteslehrer", fügt aber hinzu: „Seit Jahrtausenden gilt in Indien das Erlangen des wahren Guru als das wichtigste Ereignis des Menschenlebens. Nie habe ich meine indischen Freunde so glückstrahlend gesehen, als wenn sie mir von ihrem Guru berichteten." (140) So werde noch heute in Indien manch alte Strophe zum Preise des Gurus gesungen, wie z.B. diese: „Der Guru ist Vater, / der Guru ist Mutter ... / der Guru ist Vishnu, / der Guru ist Shiva. / Der Guru ist das allerhöchste Brahman." (141)

So beginnt *Shankara*, der Lehrer des Unpersönlich-Alleinen, sein Werk „Stirnjuwel der Unterscheidungskraft" *(vivekacūḍāmaṇi)* mit einer Hymne auf seinen Guru *Govinda:* „Verehrend werfe ich mich hin vor dem Guru, dem ‚Seienden' ... dessen Wesen höchste göttliche Wonne ist" (142). Der ihm entgegengesetzte Bhakta *Vishvanatha Chakravarti*, der in der Nachfolge Krishna Chaitanyas steht, beginnt seine große Guruhymne mit dieser Strophe: „Ich beuge mich verehrend vor den heiligen Lotosfüßen des Gurus, der in seiner Barmherzigkeit einer dichten Regenwolke gleicht, die sich ausgießt und sich verschenkt an die vom Waldbrandfeuer der Wandelwelt versengten Menschen. Er ist der Retter! Wer ihn erlangt, erreicht den Ozean des Heils." (141)

Wie wirkt der Guru? Mit dem Pandit hat er die Kenntnis der heiligen Schriften der uralten Überlieferung gemeinsam, von denen auch er nicht abweicht, jedenfalls nicht abweichen will. Er weiß stofflich vielleicht nicht so viel wie der Pandit, aber er übertrifft diesen an geistiger Lebenswirklichkeit: er hat innerlich erfahren, im Geist erfahren, was jene uralten Schriften künden. Er hat *verwirklicht!*

Der Guru braucht, um als solcher zu wirken, Schüler, jene besonderen Schüler, die *Chelas* heißen. Wohl nennt man auch die bloßen Lehrer der alten heiligen Schriften Gurus, aber eigentlich versteht man unter einem Guru nur den Lehrer, der seinem Schüler auch die Initiation erteilt, d. h. ihm den inneren Zugang zu dem in den Schriften Gemeinten vermittelt. Diese Einweihung findet dadurch statt, daß der Guru seinen Chela in den Mantra einweiht.

Von diesem echten Guru ist jener andere zu unterscheiden, auf den Europäer mitunter hineinfallen. „Freilich", so schreibt Eidlitz, „wenn ein Europäer sehnsüchtig nach Indien kommt, da kann es leicht geschehen, daß der eine oder andere Talmiguru sich eifrig aufdrängt und sich anbietet, den Sucher zu initiieren, um den europäischen Sahib auszunützen, und auch um in seiner Umgebung durch den europäischen Schüler an Ansehen zu gewinnen. Meine Freunde", so fährt Eidlitz fort, „pflegten zu sagen: Jeder findet den Guru, den er verdient, je nach dem Grade der inneren Aufrichtigkeit oder Unaufrichtigkeit des Suchenden." (142) Weshalb ist das so? Eidlitz sagt: „Zwischen Guru und Schüler herrscht ein Gesetz der Entsprechung. Der eigennützige Sucher findet den eigennützigen Guru. Der Heuchler findet den Heuchler. Wer sich mit halben Wahrheiten begnügt, findet die halbe Wahrheit. Der wahre Guru verbirgt sich gern und macht es dem Schüler nicht leicht." (142)

Worin unterscheidet sich der echte vom unechten Guru? Allein der Meister, „der das ewige göttliche WORT nicht nur vernimmt", so urteilt Eidlitz, „sondern der dieses Wort auch an den würdigen, vielfach erprobten Schüler weiterzugeben vermag, wird in Indien ein Guru genannt" (13). Dieses Weitergeben, so müssen wir erläuternd hinzufügen, geschieht aber nicht durch intellektuelles Erklären und Lernen, sondern wesenhaft – im Geist. Eidlitz sagt: „Der geheimnisvolle Vorgang der Initiation ist eine Übermittlung der Kraft des ewigen Wortes vom Guru an den Schüler" (13). Das ist treffend ausgedrückt.

Der Guru handelt bedächtig, denn er trägt schwere Verantwortung. „Ehe der Guru, der das ewige Wort schaut und hört, sich entschließt, die Kraft des göttlichen Wortes dem Schüler zu übermitteln, prüft er ihn viele Male. Und auch wenn der Jünger bereits die Initiation empfangen hat und selbst ein Gefäß des göttlichen Wortes geworden ist, wird ihm eingeschärft: ‚Du darfst es niemandem sagen, der dessen nicht würdig ist'." Damit der christlich gebildete Leser aber diese Aussagen nicht mißversteht, sei deutlich hinzugefügt: es handelt sich hier um ein grundlegend anderes Wort-Verständnis als im Christentum. Doch wir sollten uns als Christen nicht gleich wieder in die Darlegung des Unterschiedes flüchten, sondern beachten, wie sehr der Schüler geprüft und wie sehr von ihm die Hingabe seiner selbst verlangt wird. Gewiß, es mag ein Weg der Werke sein; aber muß nicht einer zuerst diesen Weg beschreiten, muß er nicht auf ihm scheitern, ehe er die göttliche Gnade wirklich ergreifen kann? Wir denken dabei an Luthers Bemühungen als Mönch. Die Upanishaden verlangen vom Schüler tiefgreifende Reinigung seiner selbst, denn – wie es in der *Shvetashvatara-Upanishad* heißt (16): „Die Reichtümer der ewigen Wirklichkeit, die mitgeteilt wurden, leuchten nur auf in einer großen Seele, die höchste Bhakti zu Gott hat und ebenso wie zu Gott auch zum Guru" (*Shvetashvatara-Upanishad* VI 22–23).

Und nun folge das Bedeutendste, was zur Gestalt des Guru von einem europäischen Forscher gesagt worden ist, gesagt werden kann: „Die Verleihung des ewigen Wortes durch den Guru an den würdigen Schüler in der Initiation, die Übertragung der göttlichen Wortkraft an den Jünger ist eine todesernste Operation. Sie soll dem Adepten eine vollkommene Bewußtseinsverlagerung bewirken." Wir unterbrechen Eidlitzens Zeugnis und betonen nochmals den grundlegenden Gegensatz zum abendländischen Dozieren! Bei Eidlitz geht es um ein Geschehen in der Wesensmitte des Schülers! Er fährt fort: „Das, was der Mensch bisher für sein eigentliches Wesen hielt, sein raffgieriges egoistisches Menschen-Ich muß restlos ausgewurzelt und als eine bloße Illusion erkannt werden" (17).

Eidlitz tut uns den großen Dienst, deutlich zu zeigen, es gibt zwei Richtungen des Gurutums: die eine folgt Shankara und erstrebt als Endziel das Ausgelöschtwerden im *Advaita* – die andere sieht als Ziel die Gottesliebe, die Gemeinschaft mit Gott. Dort geht es also um Erkenntnis, hier aber um Liebe. Dort wird das persönliche Bewußtsein ausgelöscht, hier aber nicht. Dabei wird der personlose Aspekt der Gottheit *(Advaita)* erklärt als das „unendliche ewige Licht, das Gott verhüllt" (146). So kann der *Bhakti-Marga*, der Weg der Bhakti, den *Gnana-Marga*, den Weg der Erkenntnis verstehen und einordnen. Ob aber dieser jenem seinen behaupteten Rang zu belassen vermag? Doch hören wir zum Schluß noch das Zeugnis eines ungenannten Guru unserer Zeit, mit dem Eidlitz sein Kapitel schließt (es ist ein Guru aus der gleichen Traditionsfolge wie *Vishvanatha Chakravarti*, der beide Wege zu vereinen sucht, dabei aber die Liebe dem Erkennen überordnet):

„In dienender erkennender Liebe flehen wir zu dem großen Gottgeweihten, unserem Guru und Meister. Gib uns das Gnadengeschenk der dienenden erkennenden Liebe, denn sie allein ist die Kraft, durch die wir das innere göttliche Spiel, die Lila Krishnas hören und verstehen können. Du bist einer der Seinen. Aus Gnade zu uns bist du in dieser Wandelwelt erschienen, ohne zu ihr zu gehören. O Guru, wir bitten um die Kraft, dir liebend erkennend dienen zu dürfen. Denn dienende erkennende Liebe zum Guru ist dienende erkennende Liebe zu den Mitspielern Krishnas und zu Krishna selbst." (149)

IX
Der Deutsche Hans-Ulrich Rieker

1. Indische Wanderungen

Hans-Ulrich Rieker hat in einem eigenen Buch berichtet, was er in Indien erlebte, als er nach dem letzten Weltkrieg als Wandermönch durch Nordindien zog. Sein Buch trägt den merkwürdigen Titel *Bettler unter Toten*[56].

Er hatte schon von Deutschland aus Verbindung mit der buddhistischen Mönchsgemeinde in Indien gewonnen und wurde in Bombay von einem ihrer Mitglieder am Hafen abgeholt. Dieser Mann, der als einzelner in Bombay einen vorgeschriebenen Dienst an den durchreisenden Gästen des Ordens tat, war für ihn in mancher Hinsicht eine Enttäuschung. Man kann das verstehen, wenn man diesen Mönch bekennen hört: „Mit sechs Jahren wurde ich ins Kloster gegeben, und da lebe ich nun seit 40 Jahren." Er faßte sein Leben zusammen in die verzichtende Frage: „Wofür?" (31). Wohl hatte er die buddhistische Lehre gelernt, aber ihren Geistgehalt erfahren hatte er nicht. Diese Begegnung gerade zum Anfang seiner indischen Wanderfahrten – welche Enttäuschung für den Deutschen!

Er hatte durch einen buddhistischen Mönch aus Burma bereits in Deutschland die Einweihung empfangen und hoffte nun auf einen entscheidenden Fortschritt des geistigen Weges. Statt dessen sagte ihm der Mönch in Bombay: was Sie in Indien erfahren werden, hängt davon ab, „wie lange Ihr Geld reicht" (28). Geld aber hatte Rieker eben keines mitgebracht, weil er seine Erfahrungen als Bettelmönch sammeln wollte. Hier im kleinen Kloster in Bombay mußte er erleben, alles gehe „über Buchführung", denn der Orden habe für den täglichen Bedarf des Gastes eine und eine Viertel Rupie bewilligt, einen sehr geringen Betrag, und darüber sei genau abzurechnen. Rieker bezeichnete als Ziel seiner Indienreise: „Ich bin vor allem gekommen, um einen Lehrer zu finden, der mich in der Lehre des Buddha und in der Technik ihrer praktischen Verwirklichung unterweist“ (30). Doch darauf wußte der Inder nichts weiter zu antworten als den kurzen Satz: „Aber nicht in Bombay“, was der Kundige ihm gerne glaubt. Diese erste Begegnung war für den Deutschen so niederschmetternd, daß er ehrlich bekennt: „Es war etwas in mir zerbrochen, und alles, was ich in mir wie ein lebenspendendes Elixier gesammelt und bewahrt hatte, rann nun durch die klaffenden Sprünge in meinem Innern unaufhaltsam davon“ (29).

In dieser Enttäuschung tut Rieker, was einer eben in solcher Lage allein tun kann, wenn er die Zeit nicht nutzlos verstreichen lassen will, bis er ins Inland aufbricht: er unternimmt Besichtigungen. So kommt er in einen Hindu-Tempel und sieht dort einen Alten inmitten seiner Schüler sitzen. Was der Alte spricht, versteht er nicht. Aber er spürt, von diesem Mann geht eine Wirkung aus. Wie der Alte ihn sieht, spricht er zwar weiter, aber nunmehr zum Fremden gewandt. „Dann hob er die Hand“, berichtet Rieker, „und tippte mir zart mit dem Mittelfinger auf die Brust, sprach feierlich, fast beschwörend, mit einem Lächeln auf den vollen Lippen, tippte mir auf die Stirn, sprach weiter, eindringlicher, indem er mir in die Augen sah. Und dann, mit einem sonoren, summenden Laut, berührte er kurz, blitzartig fast, meinen Scheitel. Da schwoll der summende Laut zum Dröhnen an ... und es durchrieselte mich, wie von einem elektrischen Strom. Vom Scheitel herab fuhr es, bis zu den Hüften. Ich sah nichts mehr, aber ein strahlendes Rad begann sich vor meinen Augen zu drehen ...“ (44) Das war Riekers erste Begegnung mit einem Menschen des Geistes, der noch andere folgen sollten.

Mit der Bahn fuhr er nach Kalkutta, dritter Klasse, also in qualvoller Enge und großer Hitze. Im Zug geriet er, wie es einem Europäer nicht anders gehen kann, wegen Enge, Hitze und Ungeziefer in Not. Wie die Mitreisenden aber allmählich erfuhren, er sei Deutscher und Buddhist, hörte die Fremdheit auf. So kam er mit einem Mann aus dem Pandschab ins Gespräch. Dieser fragte ihn nach seinem Guru, doch er mußte antworten, er habe noch keinen, er suche vielmehr noch. Aber als er diesem Mitreisenden sein Erlebnis mit dem Alten im Tempel berichtete, erwiderte er ihm: „Sehen Sie, ich wußte es doch, daß Sie einen Guru haben" (74). Wie der Deutsche überrascht einwandte, ein Guru sei doch ein Lehrer, jener Alte aber habe ihn doch nichts gelehrt, entgegnete der Inder: „Ein Guru ist mehr als ein Lehrer, er ist mehr als Ihr Vater. Ein Guru ist alles. Er hat Ihr Leben in seiner Hand." (74) Als Rieker im Fortgang des Gesprächs bekannte, er suche einen Guru, fiel dann noch die bedeutsame Bemerkung: „Sie können sich keinen Guru ‚suchen'. Der Guru findet Sie, ob Sie etwas dafür tun oder nicht, ob Sie suchen oder nicht suchen." (74) Und weiter: „Es ist nicht wichtig, daß Sie bei ihm sind, wenn er nur bei Ihnen ist ... Gott spricht zu uns durch den Guru" (75).

Dann traf Rieker in Kalkutta ein; doch das Kloster dort enttäuschte ihn auch, vor allem der Abt, aber auch die anderen sieben Brüder, die er alle genau schildert. Dann kam aber ein Mann zu Gast, ein hochgewachsener, schlanker Mönch namens *Ananda*, eine Persönlichkeit, alle anderen weit überragend. Von ihm spricht er ausführlich, denn in ihm ist Rieker das wahre Wesen des Buddhismus begegnet (105–115). Dieser Mönch wurde ihm dadurch zum guten Helfer, daß er ihm die Weisung gab, er solle sich nicht an die Lehre halten, sondern an das Leben. Aus der Begegnung mit dem Leben würden ihm Fragen erwachsen, und so allein komme er voran. Später verstand er, Ananda habe ihn zu sich selbst erweckt (111, 129).

In dieser Zeit seiner Gespräche mit Ananda geriet Rieker an die Grenze seines eigenen Könnens. In ihm stieg etwas Urchristliches auf: die Hoffnung, „daß es auch Geschenke geben könnte, daß es einmal auch einen Lohn ohne den Preis gäbe. Aber" – und nun kommt das Hochbedeutsame! – „in der Lehre des Buddha ist kein Raum für die Gnade" (110).

Wir geben hier nicht Riekers abenteuerliche Wanderungen wieder, sondern fragen nach seinen Begegnungen mit Gurus. Da hat er nochmals von einer zu berichten, aber von einer Begegnung ohne Worte. In einem offenen Tempelchen – es war, wie es schien, den Aussätzigen vorbehalten – saß ein Aussätziger, der alle um ihn überragte. „Auf den Zügen des aussätzigen Heiligen lag jene Beseligung, deren unnahbare Hoheit zur Anbetung zwingt“ (161). Obwohl kein Wort gesprochen wurde, ging von diesem Mann eine Macht aus. „Das Schweigen sprach. Es schwang wie ein allmächtiger Gong und zwang mich auf die Knie. Hier stand ich vor der schweigenden Stimme einer Urgewalt, die nichts vom gewohnten Leben mehr in sich hatte.“ (161)

Von dieser Begegnung ist äußerlich nicht viel zu sagen. Um so mehr ist sie innerlich für Rieker bedeutsam geworden. Auf seinen einsamen Wanderungen durch das indische Land erschloß sich ihm das Schweigen als Lebensmacht. Er bekennt: Man kann alles erfahren, „was es an Wissen in der Welt gibt, sobald das Schweigen des Tages dem tieferen Schweigen der Nacht gewichen ist“ (178).

2. *Die Begegnung mit dem Guru*

Schließlich fand Rieker in den Vorbergen des Himalaya seinen Guru in einem Yogi, dem er bei seinen Übungen zuschauen konnte (203–221). Hören wir hierzu seinen ausführlichen Bericht:

„Es war das erste Mal, daß ich Gelegenheit hatte, einen Yogi bei seinen Übungen zu belauschen. Da ich ihn aber durch meine Neugier nicht stören wollte, entsann ich mich des Brauchs devoter Teilnahme und setzte mich, gleichfalls mit übereinandergeschlagenen Beinen, ihm in angemessener Entfernung zur Seite nieder. Er nahm keine Notiz von mir und fuhr in seinen Übungen fort, was mich sehr beruhigte und ermutigte, ihm weiter zuzuschauen. Aber ich bekam vorerst nicht viel zu sehen, denn nachdem er in seiner Atemweise noch etwa eine halbe Stunde fortgefahren war, wurde der Atem schwächer und schwächer, um schließlich ganz aufzuhören. Für die Dauer von etwa zehn Minuten geschah nichts, und ich bereitete mich, ein wenig enttäuscht, darauf vor, ihn nun für längere Zeit in meditativer Versenkung zu sehen, als sein Körper plötzlich zu beben begann, von den Hüften aufwärts bis zum Kopf, sein Gesicht sich wie in Seligkeit verklärte und ich mich unvermittelt von einem elektrischen Strom, der unablässig stärker wurde, durchrieselt fühlte. Gleichzeitig hörte ich eine innere Stimme klar und deutlich sagen: ‚Bitte, mein geliebter Bruder, setze dich weiter fort, du wirst es sonst nicht ertragen'." (202) Rieker folgte der Anweisung, und der Strom verebbte. Er geriet ins Grübeln, und die Stimme sprach aufs neue: „Du mußt stiller werden, mein geliebter Bruder, deine Gedanken jagen dich umher. Wirf sie fort!" (204)

Nach langer Zeit wurde Rieker Tee mit Früchten gebracht – das Ganze spielte sich auf der Veranda eines Hauses ab –, und als er abwehren wollte, wurde ihm gesagt: „Nein, Maharaj hat befohlen, Ihnen Tee zu bringen" (204). Und dieser Befehl des Yogi war auch innerlich erfolgt, ohne äußere Rede des Mundes.

Nach langer Zeit, wohl gegen Mittag, kam der Yogi wieder zu sich, wandte den Kopf und sah dem Fremden in die Augen. „Welch ein Lachen! Welch ein Gesicht! Welch strahlende Augen!" (205) Verlegen lächelte der europäische Gast zurück. Auf die übliche Frage des Yogi nach dem Woher und Wohin erwiderte Rieker: „Ich möchte bleiben, um zu lernen. Hier bleiben." (206) Und der Yogi stimmte zu. Er wurde aber nicht der eigentliche Schüler dieses Yogi, denn das würde eine Lernzeit von 12 Jahren bedeutet haben. Doch durfte er so lange bleiben, wie es ihm nützlich schien. Dann fuhr der Yogi fort: „Von nun an wollen wir nicht mehr viel miteinander reden. Nur so viel, wie unbedingt notwendig." (207)

So begann Rieker eine Zeit des Übens. Er nannte den Yogi seinen Guru, verstand ihn also als den Lehrer, der ihm auf dem Weg nach Innen, zu sich selbst, entscheidend voranhalf. Der Schüler erfuhr kaum etwas über das persönliche Leben seines Guru. Er bemerkte, daß dieser ein fast akzentfreies Englisch sprach, und schloß aus diesen Beobachtungen, er müsse ein Mann von umfassender Weltbildung sein. Was bei einem Guru wichtig ist, das ist nicht seine Persönlichkeit, sondern allein das, was er vermittelt. „Der Mensch, der da lehrt, ist nicht der Guru, denn der Guru spricht nur aus dem Menschen, der selbst weder Schöpfer noch Eigentümer der Weisheit ist, sondern allein ihr

Träger und Vermittler. Nicht der Mensch wird im Weisen geehrt, sondern die Weisheit, die er trägt." (209)

Dieser Guru war zugleich ein erfahrener und geübter Yogi. Was bedeutet die Arbeit körperlicher Übung für solch einen Mann? „Was wir mit dem Körper tun, das tun wir um des Geistes, und was wir mit dem Geist tun, um der Seele willen. Allein mit der Seele können wir nichts tun. Die Seele wird getan. Sie selbst ist still. Wir können auch mit dem Körper nicht direkt auf die Seele wirken, ohne den Weg über den Geist zu nehmen. Deshalb sollst du", so fuhr der Yogi zu Rieker fort, „wenn du nun unsere Übungen lernst, auch nicht an den Körper als Körper denken, sondern an ihn als Gefäß des Geistes" (210). Es ist in diesem Zusammenhang sehr lehrreich zu erfahren, wie Leib und Seele, wie überhaupt die innere Haltung des Menschen sich in Gebärden kundtut. „Halte einem Menschen die offenen Handflächen entgegen, und es wird dir schwerfallen, ihn zu belügen; das wird dir leichter, wenn du deine Hände vor ihm verbirgst" (210f.).

Der Guru gab nur zwei grundlegende Anweisungen: *lausche nach innen bei allem, was du tust,* und *habe Geduld* (211).

Jetzt lernte Rieker erkennen, was damals der Alte im Tempel in Bombay mit ihm gemacht, was jene Handlung bedeutet hatte. Er fragte seinen Lehrer, wer nun eigentlich der Guru sei, ob der Alte dort im Tempel. Der Yogi antwortete: „Jagatguru". Und auf die verständliche Frage des Deutschen, wer das nun wieder sei, erwiderte er: „Unser aller Meister, der in jedem von uns wirkt. Ohne ihn, ohne seine allwissende Güte wären wir nichts. Wenn ich dich lehre, so sollst du wissen, daß nicht ich es bin, der da lehrt. Und wenn du von mir gehen wirst – es wird bald sein –, dann wird er dich weiter leiten. Wir sind nur die Gefäße seiner Weisheit. Indem du mich als Guru ehrst, ehrst du ihn. Und wenn du selbst eines Tages ein Guru sein wirst, dann lasse dich nie verleiten, stolz auf dein Wissen zu sein. Du bist nichts, so wenig wie ich. Es ist nicht dein Wissen, es ist seins, das er dir in den Mund legt. Was wir lernen und was wir lehren, das lernen und lehren wir durch ihn." (216)

Dann gebrauchte der Yogi noch den Begriff des „vollkommenen Gurus" und gab als Beispiele die Namen Buddha, Christus, Mohammed, Zoroaster. Damit wollte er wohl nicht seine Sachkenntnis beweisen, als vielmehr dartun, daß große Religionen nur von *vollkommenen Gurus* gestiftet werden können.

In diesem Schlüsselgespräch, das so wie Rieker kein anderer je aufgezeichnet hat, erfahren wir weiterhin noch, wie der Erleuchtete mit den Mitgeschöpfen umgeht, was er durch sie empfangen kann. „Habe ich aber", so sagte der Yogi, „die empfänglichste Stelle deines Innern getroffen, das eigentliche Ziel des Lehrens also, dann brauchst du auch meine Worte nicht mehr: dann lehrt dich jeder Stein, jede Blume, jedes Tier und jeder Mensch" (218).

Auf die Frage, was einen an diesem unmittelbaren Lauschen auf die Stimmen der Geschöpfe hindern könne, antwortete der Yogi, das sei das Denken. Er meinte damit wohl das zergliedernde Denken. Auf jeden Fall verstand er darunter das sorgende Denken, denn er rief dem Deutschen zu: „Lege doch die Gedanken an die Vergangenheit und an die Zukunft ab. Durchdringe die Gegenwart! Lebe allein aus ihr! Laß die Breite des Werdens und Vergehens, der Zeit also, und gehe in die Tiefe des Seins, des Augenblicks, des unmittelbaren Erlebens. Du kennst doch das Selbstvergessen aus deinen Übungen. Diese Momente der Zeit- und Raumlosigkeit sind die Lehrstunden des Jagatguru." (218f.)

Nachdem Rieker bei dem Yogi das gelernt hatte, was für ihn auf dieser Stufe seiner Wanderung richtig und hilfreich war, schickte ihn der Yogi, der für diese Zeit zu seinem Guru geworden war, weiter. Und der Deutsche notierte als Frucht dieser Zeit: „Ich ging meinen Weg wacher denn je" (223).

3. Zusammenfassung über den Guru

In seinen anderen beiden Büchern *Die zwölf Tempel des Geistes*[57] (abgekürzt als: *Zwölf)* und *Das klassische Yogalehrbuch Indiens*[58] (abgekürzt als: *Yoga)* hat Rieker aufgrund seiner persönlichen Erfahrungen sowie seiner indischen Studien zusammenfassend über die Gestalt des Guru gesprochen. Ich halte seine Aussagen für so gewichtig, daß ich sie hier im Abriß darbiete (*Zwölf* 249–254; *Yoga* 13–24).

Mag der Übende auf dem Weg der Meditation – ich spreche jetzt in der Sprache meiner Anleitung zur Meditation – die ersten drei Stufen auch ohne Anleitung, durch die bloße Hilfe eines Buches, erreichen können: von der vierten Stufe an, also auf dem Weg der Selbstbegegnung, braucht er den Seelenführer, der ihm seine inneren Erfahrungen deuten hilft, der ihn berät und ihm das für ihn notwendige und heilsame Wort sagt (*Zwölf* 251). Auf diesem inneren Weg ist ein Guru nötig, weil es sich um persönliche Anweisungen handelt, die nur gegeben werden können, wenn der Führende sieht, auf welcher Stufe sich sein Schüler befindet. Beginge der Guru den Fehler, daß er dem Lernenden etwas zu zeitig gäbe oder zeigte, was dieser noch nicht ertragen könnte, so würde er „bald in den Ruf des Teufels kommen" (*Yoga* 17). Wir fügen hinzu: so wäre er kein wahrer Guru.

Für ein fruchtbares Zusammenarbeiten mit dem Guru muß der Schüler aber eines mitbringen – Vertrauen. „Dem Guru kann, soll und muß man vertrauen, und dieses Vertrauen auf die Richtigkeit des gewiesenen Weges ist der halbe Sieg" (*Zwölf* 252).

Wie nutzt der Guru dieses Vertrauen? Was tut er, was gibt er seinem Schüler? Vielleicht ist das, was er zum Schüler spricht, nur ein einziger Satz. Dann aber ist dies der eine Satz, den der Schüler gerade jetzt nötig hat; der eine Satz, der ihn, wenn er ihm folgt, das entscheidende Wegstück, das ihm jetzt aufgetragen ist, finden und gehen läßt. Der Guru trägt also, nach Riekers Erkenntnis, wesenhaft psychotherapeutische Züge. Doch wäre es falsch, wenn wir ihn nur von den Voraussetzungen der modernen westlichen Psychotherapie her verstehen wollten. „Der Guru spürt mit einem uns verborgenen Sinn, wessen wir am dringendsten bedürfen" (*Yoga* 21). Wie aber gibt er es uns? Er „sagt es nicht direkt, er läßt es uns *selbst* finden, denn nur dann sind wir zu überzeugen" (*Yoga* 21).

Hier wollen wir innehalten und Riekers eigene Erzählung vernehmen, wie sein Guru ihn geführt hatte:

„Mein Guru im Kundalini-Yoga ist gleichzeitig ein hervorragender Gelehrter auf dem Gebiet der Shastras. Eines Tages fragte ich ihn nach der Bedeutung einiger ikonographischer Symbole, die mir von entscheidender Wichtigkeit schienen. ‚Ich kann Ihnen das nicht sagen', erwiderte er, ‚Sie haben noch nicht die Weihe.' Ich mußte mich also gedulden.
Dann kam der Zeitpunkt heran, und kaum hatte ich die Weihe, so wiederholte ich meine Frage. ‚Meditieren Sie, so wie ich es Ihnen gesagt habe', war seine Antwort, ‚dann werden Sie es erfahren.'
Ich war maßlos enttäuscht, aber mir blieb keine andere Wahl, als seinen Anordnungen zu folgen.
Das Ergebnis war, daß ich nach überraschend kurzer Zeit eine Antwort auf meine Fragen hatte, und zwar eine Antwort, die niemand mit Worten hätte geben können. Die Tiefe der betreffenden Symbolik ist so, daß sie nur im unmittelbaren Erlebnis ganz erfaßt werden kann. Die Meditation, die es mir gegeben hatte, wies dabei keinerlei intellektuelle Beziehung oder gar Hinweise auf. Sie löste nur den Vorgang der Erkenntnis aus." *(Yoga* 22)

Rieker spricht wahr, wenn er diesem Bericht nur noch den einen Satz folgen läßt: *Das ist die Methode des wahren Guru.*

Doch nicht, was der Guru spricht, ist wichtig, so daß er es auch schriftlich oder gar gedruckt vermitteln könnte; vielmehr wirkt er durch seine bloße Gegenwart, durch sein bloßes Sein. Rieker bekennt: „Das, was ich meinem Guru zu danken habe ..., sind die Stunden seiner Gegenwart, die Kraft seiner Persönlichkeit, sein Vater-Sein, das dem Denken wohl die Bahn, dem Erlebnis der Wahrheit aber die inneren Welten erschloß." Er fährt fort und schließt dieses Kapitel mit den Worten: „Das Größte am Guru aber ist: er ist auch da, wenn Tausende von Meilen ihn von seinem Chela trennen. Dann aber ist er nicht der Lehrer, sondern das Symbol der Weisheit selbst." *(Zwölf* 254)

Wenn nun einer käme und wollte Guru werden, so kann er nur lächelnde Abweisung erfahren. Denn Guru werden *wollen*, das gibt es nicht. „Guru-Sein ist kein Beruf, wie Vater-Sein keiner ist.“ (*Zwölf* 252) Doch hier müssen wir wohl, damit Rieker in der Kürze dieser Aussage nicht mißverstanden werde, hinzufügen: Vater-Sein ist nicht nur etwas Biologisches, es ist wesenhaft etwas Personhaft-Ethisches.

Nun bleibt nur noch die Frage, wie einer seinen Guru finden könne. Darauf antwortet Rieker mit einer wahren Geschichte:

Ein junger Engländer suchte im Norden, im indisch-tibetischen Grenzgebiet, einen Guru. Da die Lamas der dortigen Klöster nicht Englisch sprachen, er aber die Landessprache nicht verstand, schloß er sich einem jungen freundlichen Lama-Pilger an, den er in Benares kennengelernt hatte und der des Englischen mächtig war. So zogen sie Monate lang durchs Land, besuchten jedes Kloster und jede Einsiedelei, von der sie hörten. Doch den Guru fand der Abendländer nicht. Endlich trennten sie sich voneinander. Der Lama sagte ihm zum Abschied: „Du bist für den Guru noch nicht reif. Warte, lerne zu warten und nach innen zu blicken, dann wirst du ihn finden.“ Und wie schließt Rieker diese Geschichte? „Sieben Monate hindurch war der enttäuschte Sucher an der Seite seines Guru gereist. Er hatte ihn nicht erkannt.“ (*Zwölf* 253)

So ergeht es uns abendländischen Menschen in unsrer programmatischen Verkrampfung: wir sind nicht offen für unser Gegenüber – wir spüren nicht die geistige Wirklichkeit, der gegenüber wir uns befinden –, wir suchen etwas Sensationelles und versäumen darüber das Leben, das wirkliche Leben[59].

Nachwort

Wer beim Lesen der vorliegenden religionswissenschaftlichen Studie im Geist einige der Gurus auf den Wegen ihrer Vorbereitung aufmerksam begleitet hat, wird mit Staunen und Schrecken wahrgenommen haben, welche Mühe, welche harte Arbeit dieser ihr Lebensweg von ihnen erforderte. Damit verbietet sich jegliches modische Gerede ebenso dekadenter wie sensationslüsterner Menschen des Abendlandes, die zu gern diesen oder jenen zum „Guru“ erklären und entsprechend verehren möchten. Damit der Leser mich nicht mißverstehe: Wir im Abendland haben die Gestalt des Guru nicht – haben sie nicht mehr – und können sie auch durch einen bloßen Entschluß nicht zurückgewinnen. Doch wiedergewinnen müssen wir sie, sonst werden wir vom Intellektualismus oder seinem Gegenspieler, der Triebhaftigkeit, umgebracht.

Was haben wir also zu tun? Ich sehe zunächst zwei Aufgaben:

1. Im Bereich der geschichtlichen Forschung haben wir Ausschau zu halten und aufmerksam zu erforschen, wo ähnliche Gestalten früher gewirkt haben. Dabei denke ich an die Starzen[60] der russischen Kirche, aber auch an so manche Gestalt der westlichen Kirchengeschichte, die unter dem weiten Spannungsbogen befaßt wird, der (um nur zwei beispielhafte Namen zu nennen) von Benedikt von Nursia bis zu Gerhard Tersteegen reicht.

2. Darüber hinaus wäre eine personhafte Begegnung zu wagen, d.h., der Leser hätte sich aufzumachen, eine eigene Entscheidung zu fällen; sei es, daß ihm dazu diese unsere Studie genüge; sei es, daß er sich selber um die Quellen bemühe, die in den Anmer-

kungen angegeben sind. Ich sage, es müsse zu einer Begegnung kommen, weil aus ihr allein neue Einsicht entspringen kann. Nachahmen dürfen wir nicht! Fremdes in unsere Lebensordnung zu übertragen wäre Betrug des Geistes! Aber was wir verloren haben, was wir einst besessen hatten, das können wir in neuer Gestalt uns zu eigen gewinnen. Dazu kann die Begegnung mit dem Fremden uns anregen.

Königsfeld-Burgberg *Friso Melzer*

Anmerkungen

[1] Richard Garbe: „Indische Reiseskizzen" ([1]1889, [2]1925), 4. Kapitel: „Ein Studienjahr in Benares" S. 50–85 (über den Pandit S. 58–74).
[2] Paul Brunton: „Yogis / Verborgene Weisheit Indiens" (Wolfgang Krüger Verlag, Hamburg 1937). Titel der englischen Originalausgabe: „A Search in Secret India". In neuer Übersetzung „Von Yogis, Magiern und Fakiren / Begegnungen in Indien" im Rascher-Verlag (Zürich / Stuttgart 1964) erschienen. Wir folgen der ersten Ausgabe.
[3] „Selbst-Verwirklichung": englisch „Self-realization". Damit ist gemeint: das Personhaft-Individuelle werde überwunden, und Atman, der unpersönliche Urgrund des Menschen, werde zur herrschenden und allein wirklichen Kraft (Atman ist identisch mit Brahman, dem unpersönlichen All-Geist). Über „Wirklichkeit" *(Reality)* im Hinduismus vgl. Friso Melzer: „Das Licht der Welt / Beiträge zur Begegnung mit asiatischer Hochreligion" (Ev. Missionsverlag, Korntal 1973), S. 52ff.: „Was heißt *Wirklichkeit?*/ Ein Beitrag zur Frage nach den indischen Denkformen".
Zum „historisch-phänomenologischen Verstehen" der Guru-Gestalt vgl. die grundlegende Abhandlung von Hans-Werner Gensichen „Zum Meister-Jünger-Verhältnis im Hinduismus", S. 340–353 in der Festschrift für Ernst Damman „Wort und Religion" (Ev. Missionsverlag, Korntal 1969).
[4] Paramahansa Yogananda: „Autobiographie eines Yogi" (O. W. Barth-Verlag 1950). Yogananda berichtet u. a., es gebe Männer, die sich entmaterialisieren sowie Tote auferwecken können. Solche Behauptungen erwecken Zweifel an der Glaubwürdigkeit des Autors. Als unechten Guru hat ihn bereits H.-H. v. Veltheim-Ostrau bezeichnet in seinem Buche „Der Atem Indiens / Tagebücher aus Asien", Neue Folge (Claassen Verlag, Hamburg 1954) S. 244f.
[5] Ramdas lebte in seinem „Anandashram" in Ramnagar (Kanhangad P. O., Südindien). Er veröffentlichte als erster Tagebücher seiner Wanderungen: (1) „In Quest of God" ([3]1936); (2) „In the Vision of God / Experiences in Continuation of ‚In Quest of God'" (1935) – beide Bücher im oben genannten Ashram verlegt.
[6] Julius Richter: „Indische Missionsfahrten" (Bertelsmann, Gütersloh 1903).
[7] Joseph Dahlmann SJ: „Indische Fahrten", Band I und II (Herder, Freiburg i. Br. 1927).
[8] Thomas Ohm: „Indien und Gott / Religions- und missionskundliche Streifzüge durch Ceylon und Vorderindien" (Anton Pustet, Salzburg 1932).
[9] Hans-Hasso von Veltheim-Ostrau: „Tagebücher aus Asien" 1935–1939 (Greven Verlag, Köln 1951).
[10] Waldemar Bonsels: „Indienfahrt" (Deutsche Verlagsanstalt, Stuttgart 1950, 444.–453. Tsd.). Die Literarkritik hat dieses Buch vorbehaltlos angenommen, denn es ist so geschrieben, wie das Publikum gern unterhalten sein möchte!

[11] Hermann Hesse: „Aus Indien / Aufzeichnungen von einer indischen Reise" (S. Fischer, Berlin 1913).
[12] Leopold von Schroeder: „Indiens Literatur und Cultur in historischer Entwicklung" / Ein Cyklus von 50 Vorlesungen (H. Haessel Verlag, Leipzig 1887). Unveränderter Neudruck 1922.
[13] Richard Garbe: „Indien und das Christentum / Eine Untersuchung der religionsgeschichtlichen Zusammenhänge" (Mohr, Tübingen 1914). S. 276 gegen Grierson, der die Verehrung des Guru in der Bhagavata-Religion „für eine Nachahmung christlicher Gewohnheit" hält: „Diese Verehrung *kann* durch das christliche Vorbild genährt worden sein, ist aber im Grunde echt indisch; denn von Alters her hat sich in Indien der Lehrer *(guru)* einer geradezu übertriebenen Hochschätzung erfreut."
[14] Hilko Wiardo Schomerus: „Indien und das Christentum", 3 Bände (Buchhandlung des Waisenhauses, Halle/Saale 1932/33). Zum Guru vgl. I 73 und II 18 + 42. Schomerus wendet sich II 164 gegen den modernen Typ des „Manager-Missionars" und fordert: „an Stelle des Manager-Missionars muß der Guru-Missionar treten, der religiöse Lehrer und Führer."
[15] Helmut v. Glasenapp: „Der Hinduismus / Religion und Gesellschaft im heutigen Indien" (Kurt Wolff-Verlag, München 1922). Der Guru wird erwähnt S. 9, 60, 75 ff., 218, 314, 358, 388, 403, 446 f. Zur Ergänzung des I. Kapitels unseres Buches vgl. die Zitate und Belege, die v. Glasenapp aus der Guru-Verehrung alter Zeiten S. 75–78 beibringt!
[16] J. W. Hauer: „Der Yoga / Ein indischer Weg zum Selbst" (Kohlhammer, Stuttgart 1958), 4. Kapitel: „Der Yoga und der Westen. Die Psychotherapie" (S. 407–439). Vgl. zum ganzen Werk meine ausführliche Rezension in der „Theologischen Literatur-Zeitung" 1958, Nr. 10, Sp. 669–671!
[17] Medard Boß: „Indienfahrt eines Psychiaters" (Neske-Verlag, Pfullingen 1959). Mehrfach berichtet Prof. Boß von Begegnungen mit Gurus, doch seine Zeit reichte nur zu Gesprächen (S. 126, 144, 200 ff.). Wichtig ist die Bemerkung bei Vishnudas (S. 203), er spreche von sich nur in der dritten Person (was andere Gurus auch tun). Damit drückt der Guru aus, daß er dem Personhaft-Individuellen entwerden will.
[18] Herbert Tichy: „Die Wandlung des Lotos / Ein Indienbericht" (Ullstein-TB 44, 1955). Unser abgedruckter Text steht S. 220 f. dieser Ausgabe.
[19] Sister Devamata: „Days in an Indian Monastery" (Ananda-Ashrma, La Crescenta, California 1927). Unser Zitat S. 9.
[20] Brihad-Aranyaka-Upanishad: VI. Kapitel, 5. Brahmana.
[21] Walther Eidlitz: „Die indische Gottesliebe" (Walter Verlag, Olten/Freiburg 1955), S. 13.
[22] Chandogya-Upanishad VIII 7, 1 (im Wortlaut Eidlitzens Übersetzung nur geringfügig geändert, vgl. „Die indische Gottesliebe" S. 43 f.).
[23] Shvetashvatara-Upanishad VI 23, im Wortlaut nach Eidlitzens Übersetzung („Die indische Gottesliebe") S. 74.
[24] Bhagavad Gita XVIII 67. Text nach Rudolf Ottos Übersetzung: „Der Sang des Hehr-Erhabenen / Die Bhagavad-Gita übertragen und erläutert" (Kohlhammer, Stuttgart 1935), S. 104. Otto versteht die Stelle als „Bhakti-Einschub", also nicht zur Ur-Gita gehörend. In der englischen Ausgabe von W. Douglas P. Hill, „The Bhagavadgita" (Oxford University Press 1928), S. 269, wird in einer Anmerkung darauf hingewiesen, daß auch andere Upanishaden eine ähnliche Warnung aussprechen (Angaben aus 5 Upanishaden). S. Radhakrishnan legt die Stelle in seiner Sanskrit-Ausgabe (mit englischer Übersetzung und Erläuterung, bei George Allen &

Unwin, London [3]1953), S. 379 so aus: „Only those who are disciplined, loving and have a desire so serve are capable of understanding the message; others may listen to it and abuse it." Entsprechend auch der Kommentar in der neuesten Ausgabe der Bhagavad Gita durch Swami Chidbhavananda (Sri Ramakrishna Tapovanam, Tirupparaitturai 1974), S. 963.

[25] Walther Eidlitz: „Die indische Gottesliebe" (vgl. oben Anm. 21), S. 281.

[26] Vgl. Eranos-Jahrbuch 1933, Band I, S. 10–13.

[27] Unsere Darstellung schöpft aus diesen drei Quellen: (1) Romain Rolland: „Das Leben der Ramakrishna" (Rotapfel-Verlag, Zürich/Leipzig 1929). Abgekürzt als R. (2) Dhan Gopal Mukerji: „Das Antlitz des Schweigens" (O. W. Barth-Verlag 1938). Abgekürzt als M. (3) „Sri Ramakrishnas Ewige Botschaft" / Die Worte Ramakrishnas, berichtet in bengalischer Sprache von seinem Schüler M... / Nach der englischen Übersetzung von Swami Nikhilananda (Rascher Verlag, Zürich 1955). Abgekürzt als EB.

[28] Über „Samadhi" vgl. H. v. Glasenapp „Der Hinduismus" (1922) S. 298: „Eine Steigerung der Meditation ist die Versenkung, der Samadhi. Während in der Meditation noch immer ein Bewußtsein von der eigenen Individualität vorhanden ist, erlischt dieses im Samadhi: das Denken verfließt gänzlich mit seinem Gegenstand. Die Versenkung ist eine niedere oder eine höhere..." Ausführlicher handelt über diesen Zustand J. W. Hauer in seinem großen Werk „Der Yoga" (1958) in dem Abschnitt „Der Samadhi als psychologisches und ontologisches Problem" (S. 336–369).

[29] „Sayings of Sri Ramakrishna / The most Exhaustive Collection of the Lord's Sacred and Inspired Utterances" (Ramakrishna Math, Mylapore, Madras [3]1925). Das Buch enthält 1003 Sayings auf 322 Seiten (dazu ein „Glossary" S. 323–339). Unsere Zitate geben eigene Übersetzung und nennen in Klammern die Nummer im vorstehend genannten Bande der „Sayings".

[30] Satchitananda, auch Sat-Chit-Ananda geschrieben, bezeichnet die letzte Wirklichkeit: reines Sein – reine Erkenntnis – reine Wonne.

[31] Diese Geschichte berichtet Romain Rolland (vgl. S. 324 seines Werkes, das in Anm. 27 [1] genannt ist) nach dem umfangreichen indisch-englischen Bande „Sri Ramakrishna's Teachings" I 45.

[32] Romain Rolland: „Das Leben des Vivekananda" (Rotapfel-Verlag, Zürich/Leipzig 1930). Abgekürzt als R.

[33] „The Complete Works of Swami Vìvekananda": Mayavati Memorial Edition, Advaita Ashrama, Mayavati, Almora, Himalayas [4]1932, Vol. I–VII. Unsere Aussagen sind den Bänden III. IV. VI. VII entnommen. Über den „Teacher of Spirituality" vgl. IV 19–31, besonders S. 26f.

[34] Die Zitate dieses Kapitels sind dem Buche von Swami Prabhavananda entnommen: „Der ewige Gefährte / Brahmananda, sein Leben und seine Lehre" (Rascher-Verlag, Zürich 1950).

[35] „Mantra", im Deutschen auch „Mantram", im Sanskrit *mantra* (männlich wie sächlich). Man kann also sagen: der oder das Mantra(m).

[36] „Japam", eigentlich „der Japa" (J ist wie j in englisch *journal* zu sprechen).

[37] Meditation im hinduistischen Sinne nach Brahmananda: Bezeichnend für das intellektuelle Verständnis der Meditation ist, wie das Wort grammatisch gebraucht und verbunden wird (oftmals mit „über"): „Die Meditation über die Einheit des Selbst mit der Gottheit" (123) – „über die Gestalt des Erwählten Ideals" meditieren (145) – „Meditiere über ihn" (den Guru)... (223). Meditation-über ist aber nicht wirkliche Meditation, sondern Besinnung, ist eine Art Konzentration des Denkens, eine Vorstufe zur Meditation. Daher auch die Aufforderung: „Denkt in eurer

Meditation zuerst an eine erhabene, göttliche Gestalt" (152). Meditation bedeute, so antwortet Brahmananda auf eine Frage, „die Gedanken sowohl auf die Gottheit mit Gestalt als auch auf die Gottheit ohne Gestalt zu konzentrieren" (154f.). S. 170 werden die Wörter Meditation und Kontemplation sogar als gleichen Sinnes gebraucht. –
Über Meditation in ihren drei Stufen als Besinnung, Betrachtung und Innerung vgl. des Verfassers Buch „Innerung / Stufen und Wege der Meditation / Grundlegung und Übungen" (Stauda-Verlag, Kassel-Wilh. ²1977). Über den „Unterschied zwischen hinduistischer und christlicher Meditation" vgl. des Verfassers Buch „Das Licht der Welt" (Ev. Missionsverlag, Korntal 1973), S. 89–98.

38 Heinrich Zimmer: „Der Weg zum Selbst / Lehre und Leben des indischen Heiligen Shri Ramana Maharshi aus Tiruvannamalai", herausgegeben von C. G. Jung (Rascher Verlag, Zürich 1954).

39 Zur christlichen Todesmeditation vgl. des Verfassers Buch „Konzentration–Meditation–Kontemplation" (Stauda-Verlag, Kassel-Wilh. 1974) S. 77–122: „Meditatio mortis als Weg des Lebens".

40 Wir entnehmen dieses Gespräch dem Buche „Die Botschaft des Maharishi / Antworten von Sri Ramana Maharishi an seine Schüler", mit einer Einleitung von Swami Siddheswarananda (Atharva-Verlag, Frankfurt a. M. 1954). Unser Text steht in Kap. VII und ist dort überschrieben „Der Guru und seine Gnade" (S. 61–68). Wir folgen ihm nur bis S. 64.

41 Paul Brunton berichtet in seinem Buche „Yogis" (vgl. oben Anm. 2) in Kap. 9 „Der Berg des heiligen Feuers" von seiner Begegnung mit Ramana Maharshi (S. 138–166). Sein Buch „A Message from Arunachala" (Rider & Co., London ¹1936, ⁹1958) bringt keine Begegnung mit dem Maharshi, sondern, wie Brunton auf S. 21 selbst sagt, „only reflections of my moods and echoes of my meditations".

42 Brunton, „Yogis", S. 164–166.

43 Wir folgen im ersten Teil „Sein Leben" dem Buche „Sivananda / Der Verkünder eines neuen Zeitalters" von Rai A. B. N. Sinha (Lebensweiser-Verlag, Büdingen-Gottenbach 1954).

44 Hans-Hasso von Veltheim-Ostrau: „Tagebücher aus Asien" / 1935–1939 (Greven-Verlag, Köln 1951).

45 „Der Atem Indiens / Tagebücher aus Asien". Neue Folge (Verlag Claassen, Hamburg 1954). Das angeführte Wort S. 244f.

46 Swami Sivananda Sarasvati: „Übungen zu Konzentration und Meditation" (O. W. Barth-Verlag 1952. Wichtig durch den umfangreichen Index von Sanskrit-Begriffen, ein Glossarium von über 450 Sanskrit-Fachausdrücken) S. 363–383.

47 „meditieren über": vgl. dazu Anm. 37.

48 Vgl. des Verfassers Lehrbuch „Innerung / Stufen und Wege der Meditation" (Kassel ²1977).

49 Die deutsche Verfasserin mit ihrem indischen Namen: Swami Sivananda Sarada. Herausgeber: Sivananda-Sarada-Ashram, Lindau/Bodensee 1954 (nicht mehr existierend).

50 Swami Svarupananda: „Indien / Geheimnis und Mysterium" (Selbstverlag: Erich Pierschel-Verlag, Bonn 1958, 408 S.).

51 Svarupananda kann genaue Kenntnis des Vorgangs der Meditation von Sivananda nicht gewonnen haben, denn diesem mangelt sie, soweit sein Buch in Frage kommt, selber. So wird meditieren mit „auf" verbunden: „auf etwas meditieren" (S. 318). Dann auch mit „um": „Wir wollen um ein gutes Gelingen meditieren" (S. 297).

52 Wir folgen in Kapitel VII dem Buch von Lizelle Reymond: „Ich lebe bei Brah-

manen / Geistige Erfahrungen im Osten" (Hans Günther Verlag, Stuttgart 1958). Das Wort Guru erscheint in diesem Buche auf den Seiten 15, 43, 109, 113, 122/23, 128, 131, 135, 139, 140, 141–146.

[53] Walther Eidlitz: „Bhakta / Eine indische Odyssee" (Claassen Verlag, Hamburg 1951). Das Wort Guru erscheint in diesem Buche auf den Seiten 38, 39, 42, 63, 74, 86, 88, 101, 105, 116, 127, 129, 132, 134, 135, 140, 141, 145–151, 153, 170, 172, 176, 179, 180, 192, 196, 229, 231, 235, 241, 242.

[54] Auf S. 261 erklärt Eidlitz den Namen „Sadananda": immer (sada) Seligkeit (ananda); er kann aber auch meinen „Seligkeit im göttlichen Grund alles Seins".

[55] Walther Eidlitz: „Der Glaube und die Heiligen Schriften der Inder" (Walter-Verlag, Olten/Freiburg 1957). Das Wort Guru erscheint in diesem Buche auf den Seiten 13–17, 20, 27, 28, 90, 99, 120, 131, 140–149, 159, 170 (Gandhi), 187, 217, 218; auf Sadananda bezogen: 12, 17, 29, 62, 68, 74, 98, 119, 133, 137, 237, 280. Als weitere Quelle wäre noch ein drittes Buch von Walther Eidlitz heranzuziehen: „Die indische Gottesliebe" (Walter-Verlag 1955). Das Wort Guru erscheint in diesem Buche auf den Seiten 11–14, 29, 43–45, 55–57, 74, 100, 130–132, 177, 240, 280, 281; auf Sadananda bezogen: 12, 16–17.

[56] Hans-Ulrich Rieker: „Bettler unter Toten / Als buddhistischer Bettelmönch in Indien" (Rascher, Zürich 1958).

[57] Hans-Ulrich Rieker: „Die 12 Tempel des Geistes / Weisheit und Technik der Yogasysteme" (mit 36 Abb.; Rascher, Zürich 1955).

[58] Hans-Ulrich Rieker: „Das klassische Yogalehrbuch Indiens" (Hatha-Yoga-Pradipika) / aus dem Sanskrit mit Kommentaren und 12 Zeichnungen (Rascher, Zürich 1957).

[59] In Riekers Buch „Bettler unter Toten" findet der Leser mancherlei Worte der Weisheit verstreut, von denen einige hier wiedergegeben seien: Nur was uns wandelt, ist wahr (12) – Die drohende Gefahr des Menschen ist, sich selbst zu begegnen (43) – Aber wer kann sich erkennen, bevor er sich im Spiegel des Unerwarteten sah? (114) – Es ist schon immer so gewesen, daß es zwei Gruppen von Menschen gab: die Wissenden und die Staunenden (242).

[60] Igor Smolitsch: „Leben und Lehre der Starzen (Thomas Verlag, Jakob Hegner, Wien 1936).

Sachregister

Personenregister

Weitere Veröffentlichungen von Friso Melzer

Sadhu Sundar Singh

Gesammelte Schriften, übersetzt und erläutert
Achte verbesserte Auflage, Korntal 1972, 351 Seiten (vergriffen)

Das Licht der Welt

Beiträge zur Begegnung mit asiatischer Hochreligion
Korntal 1973, 196 Seiten

Christliche Ashrams in Südindien

Erlangen 1976, 148 Seiten

Indien greift nach uns

Begegnungen mit dem modernen Hinduismus
Wuppertal 1978, 79 Seiten

Innerung

Stufen und Wege der Meditation / Grundlegung und Übungen
2. Auflage, Kassel 1977, 216 Seiten

Konzentration – Meditation – Kontemplation

Kassel 1974, 192 Seiten

Unsere Sprache
im Lichte der Christus-Offenbarung

Tübingen 1952, zweite erweiterte Auflage, 456 Seiten

Das Wort in den Wörtern

Die deutsche Sprache im Dienste der Christus-Nachfolge
Ein theo-philologisches Wörterbuch
Tübingen 1965, XVI, 372 Seiten

Evangelische Verkündigung
und deutsche Sprache

Ausgewählte Vorträge und Aufsätze
Tübingen 1970, VIII, 92 Seiten

Wege des Denkens

Anleitung zum Philosophieren
Wuppertal 1977, 104 Seiten